KB210195

갈등전환

존 폴 레더락 지음

박지호 옮김

정의와 평화 실천 시리즈

갈 등 전 환

지은이	존 폴 레더락
옮긴이	박지호
초판	2014년 6월 26일
초판 4쇄	2025년 4월 23일

펴낸이	배용하
책임편집	배용하
등록	제364-2008-000013호
펴낸곳	도서출판 대장간
	www.daejanggan.org
등록한곳	충남 논산시 매죽헌로 1176번길 8-54, 101호
대표전화	전화 041-742-1424 전송 0303-0959-1424

분류	사회문제 ∣ 갈등해결	
ISBN	978-89-7071-457-8	03330
CIP제어번호	CIP2018025089	

이 책은 저작권법에 의해 보호를 받는 출판물입니다.
기록된 형태의 허락 없이는 무단 전재와 복제를 금합니다.

값 9,000원

차례

추천의 글

누구나 갈등을 겪고 산다. 인생은 갈등의 연속이라고 해도 과언이 아니다. 하지만, 막상 갈등 상황에 맞닥뜨리면 자연스럽고 부담 없이 문제를 바라보는 시각을 갖기란 말처럼 쉽지 않다. 오히려 갈등은 어렵고, 불편하고, 힘들게 만드는 부정적인 무엇으로 이해하기 쉽다. 그래서 우리가 쉽게 선택하는 갈등에 대한 접근방식은 회피일지도 모른다. 그러나 회피가 궁극적인 대책이 아니라는 것은 우리는 경험을 통해 자연스럽게 배우게 된다. 그럼 갈등을 어떻게 다뤄야 할까? 무엇이 갈등에 접근하는 데 중요한 요소인가?

이런 질문을 답을 얻고자 진지하게 고민하는 사람들이 있다면 나는 존 폴 레더락John Paul Lederach 교수의 책을 반드시 읽어볼 것을 권하고 싶다. 레더락 교수가 제시하는 갈등전환Conflict Transformation의 의미를 명확하게 이해하는 데는 상당한 시간과 노력이 필요한 것이 사실이다. 하지만, 그 의미를 제대로 이해하려고 노력한다는 것 자체가 이미 갈등을 바라보는 시각이 변하고 있다는 방증이기도 하다.

저자는 분쟁 현장과 국내외의 갈등 구조 속에서 조정자로서 오랜 시간 경험을 쌓아왔다. 그런 과정에서 갈등을 이해하고, 갈등에 접근하는 관점을 새롭게 넓혀가야 한다는 사실을 깨닫게 된다. 그래서 책을 쓸 당시의 현장과 학계에서 널리 이해되고 있던 갈등관리나 갈등해결의 개념을 과감하게 뛰어넘기를 주창해왔다. 갈등을 풀어가는 것과 문제를 해결하는 것이 거의 동일시 되어가던 상황에서, 해결에 집착하여 간과하기 쉬운 관계의 변화와 구조와 역동의 문제를 테이블 위에 올려놓도록 초청했다.

비록 처음에는 갈등전환이란 개념이 별 반향을 일으키지 못했지만, 차츰 레더락 교수의 주장에 귀를 기울이는 사람들이 늘어났고, 이제는 갈등학과 평화학 범주에서 매우 중요한 관점이자 이론으로 자리 잡기에 이르렀다.

사실 세상에는 '해결될 수 있는' 갈등은 그다지 많지 않다. 오히려 갈등이 갖는 에너지를 변환시켜 또 다른 '그 어떤' 생산적 힘으로 전환하는 것이 더 현실적 접근일 것이다. 이는 결국 인간 세계의 갈등의 복잡성과 모호함을 인정하는 것이고, 사회과학적 분석으로 모든 갈등을 풀어갈 수 없음을 솔직히 직시하는 태도이기도 하다.

　나는 레더락 교수의 갈등전환 수업을 듣던 대학원생 시절, 이 갈등전환의 개념이야말로 매우 동양적이란 생각을 하면서 친밀감을 느끼곤 했다. 갈등전환이란 개념에는 좋은 합의를 이끌어내는 것만으로는 채울 수 없는 역사적·관계적·환경적·구조적 문제들을 어떻게 좀 더 통합적으로 바라볼 수 있을까라는 고민이 담겨 있기 때문이었던 것 같다. 비록 눈에 띄는 변화가 당장 보이지 않더라도 동양 의약에서 말하는 환자의 체질변화가 서양 의약에서 접근하는 환부를 도려내는 수술적 접근보다 더 근본적일 수 있는 것처럼 말이다.

　갈등에 대응하는 관점 또한 이와 같다. 그런 면에서 존 폴 레더락 교수의 이번 책은 그냥 번역서라고 보기에는 뭔가 너무나도 우리와 공유하는 문화적 맥락이 비슷한 책이라고 생각한다. 우리는 흔히 나이를 들어가면서 전에는 쉽게 나오지 못하던 새로운 방식으로 문제에 접근하는 자신을 발견하고 놀라기도 한다. 이는 우리가 삶을 살면서 경험하고 깨닫게 되는 축적된 관점이 생기기 때문일 것이다. 다른 사람의 경험과 연구가 우리의 관점을 하루아침에 바꿀 수는 없을 것이다. 하지만, 어떻게 하면 갈등을 파괴적이고 폭력적인 방식이 아닌 건설적이고 평화적 방식으로 접근할 수 있을까 고민하는 사람들에게 존 폴 레더락 교수의 이 책은 또하나의 귀중한 나침판이 될 수 있을 것이라 나는 감히 확신한다.

그리고 모국어로도 풀어내기 쉽지 않을 갈등과 평화라는 영역을 번역이란 작업으로 재창조한 역자 박지호 님의 수고가 새삼 놀랍고 귀하다. 번역을 넘어 이 분야에 대한 깊은 이해가 없이는 감히 시작할 수 없는 작업임을 알기에 수많은 연구와 고민의 시간을 보냈을 역자에게 감사의 마음을 전하고자 한다.

남북, 동서, 세대, 이념, 계층, 성별 등 끝없이 나뉘고 고민하는 한국 사회를 생각할 때, 또 아직 갈등에 대한 접근에 관한 연구가 일천한 한국 현실을 고려할 때, 이 짧은 책이 평화에 대한 귀한 자료로 널리 읽히기를 마음 모아 기대해본다.

이 재 영
한국평화교육훈련원(KOPI) 원장

역자 서문

"왜 유독 한국 사람들만 교회 안에서 문제를 해결하
지 못하고 법원을 찾느냐?"

LA 지역, 한 미국인 판사의 다소 과장된 역정입니다. 쓸쓸한
표정으로 그 말을 전하던 어느 한인 변호사의 표정을 기억합니
다. 한때 기자로 일하며 수시로 싸움판을 드나들면서 '왜 싸울
까?', '유익하게 싸울 방법은 없을까?' 하는 물음표가 끊이지 않
았습니다. 갈등의 양상을 설명하고, 원인을 진단하는 목소리는
간혹 볼 수 있었지만, 대안을 제시하는 목소리는 찾기 쉽지 않았
습니다. 이것이 '갈등전환'이란 학문에 관심을 두게 된 계기입니
다.

갈등전환은 프로그램이나 기술이 아니라 패러다임입니다. 갈
등을 바라보는 전혀 다른 시선입니다. 갈등을 불편한 제거의 대
상으로 바라보는 것이 아니라 갈등을 건설적 변화를 이끌어낼 선
물이자 기회로 바라보는 패러다임입니다. 결국, 갈등전환은 패러
다임을 전환하는 데서 출발합니다. 패러다임이 바뀌면 질문이 바

꿔고, 질문이 바뀌면 문제를 풀어가는 방식이 달라집니다. 패러다임이 중요한 이유입니다.

　최근 한국의 사회갈등 지수가 OECD국가 중 세계 2위라는 조사 결과가 나왔습니다. 가히 갈등공화국이라 불릴 만합니다. 사회 갈등으로 말미암은 경제적 손실은 연간 최대 246조 원에 이른다고 합니다. 한국 사회가 갈등을 제대로 해결할 수 있는 문화와 토대가 상대적으로 빈약하기 때문입니다. 여기에는 갈등을 부정적인 것으로 바라보는 시선도 녹아 있습니다.

　갈등의 경제적 손실은 계산하면서도 갈등이 주는 사회적 유익은 간과한 것입니다. 갈등이 사회에 던져주는 성찰의 기회는 경제적 가치로 환산할 수 없습니다. 치열한 갈등 속에 사회도 한층 성숙하고 건강해집니다. 긍정적인 변화를 유도할 힘이 갈등 속에 있다는 것이 이 책에서 저자가 끊임없이 강조하는 메시지입니다.

　'모든 갈등에는 이유가 있다', '갈등 속에 길이 있다'는 믿음은 생각하는 틀을 달리하게 합니다. 관점의 전환은 새로운 질문을 만들어냅니다. 거기서부터 갈등전환은 시작됩니다. 이 책은 갈등전환이 무엇인지, 갈등해결적 관점과 무엇이 다른지, 갈등을 전환하려면 어떻게 접근해야 하는지 설명하고 있습니다.

이 책은 갈등전환이란 개념을 개략적으로 설명하는 입문서에 불과합니다. 갈등전환의 구체적인 적용과 실천까지 담고 있지 않습니다. 하지만, 이 책을 통해 갈등에 대한 인식의 전환이 일어나길 기대합니다. 갈등을 바라보는 새로운 패러다임을 발견하고, 갈등을 전환해내려는 수많은 창조적 질문을 길어내는 마중물이 되길 바랍니다.

마지막으로 이 책이 나오기까지 애정이 듬뿍 담긴 감수와 조언을 아끼지 않았던 김민정, 박남규, 문귀옥, 허현, 윤영석, 김성회, 박상진, 이태후, 이재영, 김복기, 김경중 님들께 머리 숙여 감사드립니다.

"삶이 갈등을 만들고 갈등이 삶을 만듭니다."

1장 · 갈등전환이란?

갈등해결conflict resolution··· 갈등관리conflict management··· 갈등전환 conflict transformation?

내가 '갈등전환' 이라는 용어를 쓰기 시작한 건 1980년대 무렵부터다. 당시 중앙아메리카에서의 짧지만 강렬했던 경험은 평소 아무렇지 않게 사용하던 갈등 관련 용어들을 다시 생각하게 했다.

중앙아메리카에 도착했을 때, 내 머릿속은 온통 '갈등 해결' 과 '갈등 관리' 분야의 일반적인 용어들로 가득했다. 하지만, 당시 만났던 라틴아메리카 동료가 '갈등 해결' 분야의 기존 용어에 의문을 품고 있었으며, 심지어 미덥지 않게 여긴다는 것을 금세 눈치 챌 수 있었다. 이들은 '해결' 이란 용어에 여러 가지 위험이 내포되어 있다고 여겼다. 강자가 갈등을 무마하기 위해 약자를 회유하거나, 그래서 갈등을 통해 정당하게 제기되어야 할 중요한 이슈마저 사장해버릴 여지가 있다는 것이다. '해결' 이란 용어를 고집해야 할지 의문을 갖게 되었다. 그들의 경험에 의하면, 첨예

하고 복잡한 정치 · 사회적 문제에 대한 성급한 해결책은 일반적으로 화려한 단어의 나열일 뿐 실질적 변화를 의미하지 않았기 때문이다. 그들은 "갈등에는 이유가 있다"라고 말하면서 "해결 위주의 사고는 진정 필요한 변화를 덮어버리는 또 다른 방식이 아니냐?"라고 반문했다.

라틴아메리카 동료들의 우려는 나의 경험과 관점에 일치했다. 이 책에서 밝힌 깊은 소명의식과 학문적 틀은 나의 신앙에 뿌리를 두고 있다. 그것은 아나뱁티스트-메노나이트 교인으로서의 종교적 · 윤리적 틀에 기반을 둔 것이다. 우리는 평화가 정의 속에 이미 내포되어 있다고 이해한다. 평화는 정의와 함께 있을 때만 가능하다. 이는 단순히 갈등을 해결하는 차원을 넘어선다. 인간의 권리와 생명을 철저히 존중하는 정의의 회복을 통해, '건강한 관계'와 '올바른 사회 구조'를 형성하고, 그 열매로 얻게 되는 평화의 중요성을 강조한다. 이런 관점은 갈등 속에서 건설적인 변화를 유도하는 비폭력적인 생활방식과 실천으로 이어진다.

결국, 라틴아메리카 동료의 우려가 정곡을 찌른 셈이다. 그간 내가 중앙아메리카를 비롯한 다른 지역에서 해온 일 또한 폭력적인 갈등 속에서 건설적인 대안과 변화를 모색해온 것이라고 더욱 확신하게 되었다. 그리고 "갈등전환"이라는 용어가 "갈등 해결"이나 "갈등 관리"보다 그 의미를 더욱 잘 전달하는 것 같았다.

1990년대, 나는 이스턴메노나이트대학Eastern Mennonite University에 갈등전환 프로그램을 만드는 과정에 참여했다. 우리는 '갈등전환'이라는 용어에 관해 광범위한 토론을 벌여야 했다. 당시 주류 학계와 정치계에는 '해결'이라는 용어가 보편화하여 광범위하게 사용되고 있었었다. 일부에게 '전환'이라는 용어는 아직 검증되지 않은 주관적이고 비현실적인 용어로 여겨졌다. 갈등전환을 생소하게 생각하는 사람들도 있었지만 우리는 '전환'이라는 용어를 고수하기로 했다. 이 용어가 정확할뿐더러, 과학적으로도 타당하고, 명확한 비전을 제시한다고 믿었기 때문이다.

갈등은 인간관계에서 자연스러운 것이고, 변화의 동력이다.

그동안 구체적인 문제 해결뿐 아니라, 그 너머의 건설적인 변화를 위해 애써왔기 때문에 '갈등전환'이란 용어가 정확하다고 생각했다. 갈등전환은 다음의 두 가지 현실에 근거하고 있다. 첫째는 갈등이 인간관계에서 나타나는 자연스러운 현상이며, 둘째는 갈등이 변화의 동력이란 점이다. '전환'이란 말에는 명확하고 중요한 비전이 담겨 있다. 지역적 혹은 전 세계적으로 건강한 관계와 공동체를 세워가는 데 우리의 시야를 집중시켜주기 때문이다. 이런 비전은 우리의 관계 맺는 방식에도 참된 변화를 요구한다.

하지만, '전환'이란 용어가 과연 무엇을 의미하는가 하는 의문은 여전히 남아 있다.

지난 10년간 전환이라는 용어는 현장과 학계 양쪽에서 점점 보편화하여 왔다. 갈등 조정 현장뿐 아니라 평화학 교육에 이르기까지 전환적 접근이 광범위하게 적용됐다. 나는 갈등전환이란 용어를 사용하는 두 군데 석사 학위 프로그램에 관여했다. 노틀담에 있는 '존비크록국제평화연구소Joan B. Kroc Institute for International Peace Studies at Notre Dame와 이스턴메노나이트대학의 갈등전환 프로그램이다. 그럼에도, 갈등전환은 아직 학계의 한 분야로 받아들여지지 못하고 있다.

갈등전환은 우리가 사고하는 방식에 관하여 근본적인 변화를 요구하는 방향 또는 틀이라고 생각한다. 이런 학문적 틀은 지난 15년간 내가 읽고, 실천하고, 가르쳐온 데 근거한다. 그런 점에서 이 책은 최종 보고서가 아니다. 내 생각은 실천과 가르침이 끊임없이 영향을 주고받으며 진화하고 있기 때문이다.

내 생각은 다른 저자들의 이론들과 맞닿을 수 없는 것처럼 평행선을 그리기도 하지만 많은 부분 일치하기도 한다. 하지만, 이 책에서 그 모든 연관성들을 살펴보긴 어렵다. '전환'이라는 용어에 함축된 나의 관점이 '해결'이라는 용어를 선호하는 이들의 그것보다 우월한 것처럼 비치는 것도 원치 않는다. 다만, 나는 이 책을 통해 '해결'과 '전환'이라는 개념 사이에 창조적 긴장감을 더

하려고 했다. 다른 용어를 선호하는 사람들에 대한 신빙성을 떨어뜨리려는 게 아니라 오히려 양쪽을 명확히 이해하도록 도우려는 것이다.

　이 책의 진정한 목적은 계속 진행되고 있는 논의를 더욱 활성화하려는 것이고, 결국 이를 통해 인간관계를 더욱 잘 이해하려는 것이다.

2장 · 갈등전환의 렌즈들

　편안하던 인간관계가 갈등 때문에 불편해지는 것을 일상에서 자주 경험하곤 한다. 그때마다 우리는 관계에 적신호가 켜졌음을 직감한다. 그간 아무렇지 않게 받아들이던 상대방의 말과 행동에 평소와 달리 더 민감하게 반응하는 자신을 발견하게 된다. 관계는 예전처럼 자연스럽고 매끄럽지 않고 불편하고 복잡해진다.

　상황이 이렇게 되면, 우리는 더는 어떤 일을 액면 그대로 받아들이지 않게 된다. 상대방의 말과 행동에 숨은 의도가 무엇인지 재해석하는 데 시간과 에너지를 쏟는다. 서로 대화하는 것은 갈수록 어려워지고, 의도적인 노력이 더 많이 요구된다. 상대방의 의도가 무엇인지 제대로 듣고, 무엇을 하려는지 이해하기가 갈수록 어려워진다.

　갈등은 생리적 변화도 가져온다. 우리의 감정은 불쾌함에서 불안감으로, 심지어 심한 통증으로 옮겨가며 생리적 변화를 가져온다. 특히 갈등이 진행되면서 그 결말이 보이지 않으면 깊은 좌절의 수렁으로 빠져드는 절박함을 계속 경험하게 된다.

만약 갈등과 무관한 누군가가 "무슨 갈등입니까?"라고 물어온다고 치자. 그러면 우리는 일종의 '갈등 지형도', 즉 갈등의 봉우리와 골짜기가 입체적으로 그려진 갈등 지도를 펴들고 설명하려 할 것이다. 그 지도에서 봉우리들은 갈등 속에서 직면한 주된 어려움이나, 최근에 가장 자주 강조됐던 문제거나, 현재 갈등의 정점을 향해 치닫는 이슈일 수 있다. 중요한 건 우리가 이 산을 특정한 사안이나 문제로 여긴다는 점이다. 한편, 지도의 골짜기는 협상에 실패해 마땅한 해결책을 찾지 못한 경우를 나타낸다. 정상을 향해 등반할 때 산 전체를 조망하기 어려운 것처럼 갈등 속에서는 관계 패턴의 총체적인 그림을 보기 어려운 것이다.

갈등 상황에서 우리는 눈앞에 벌어진 문제 자체에 묻히는 경향이 있다. '갈등 지형도'라는 비유는 이런 우리의 성향을 잘 보여주고 있다. 갈등 이면에 내재하는 원인과 영향력을 제대로 인식하지 않은 채, 당면한 문제봉우리와 실패골짜기에 대한 해결책을 찾는 데 골몰하고, 갈등으로 말미암은 불안과 고통을 줄이는 데 에너지를 쏟는다.

내가 이 책을 쓴 이유는 이런 문제를 다루기 위해서다. 갈등전환적 접근을 통해 당장 겉으로 드러난 문제 자체에 묻히는 우리의 성향을 어떻게 다루어야 할지 살펴볼 것이다. 또 갈등전환이 갈등 해결이나 갈등 관리와 어떻게 다른지 질문하며 정리해보려 한다. 과연 갈등전환이 지향하는 관점은 무엇이며, 갈등에 대한 더 나은 반응은 어떤 것인지 그리고 그 근거는 무엇인지 말이다.

논의의 출발점으로 '바라보다look'와 '이해하다see'라는 두 단어의 차이점을 살펴보자. '바라보는 것'은 무엇에 집중하는 것 또는 주목하는 것을 말한다. 우리는 일상 언어에서 종종 "여기 좀 봐주세요!" 또는 "저기 좀 봐!" 하고 말한다. 다시 말해서, '바라보는 것looking'은 우리의 주의를 끌고, 자각하게 하는 렌즈가 있어야 한다. 반면, '이해하는 것seeing'은 현상의 그 너머까지 깊이 들여다보는 것이다. '안다는 것'은 통찰력과 이해를 추구한다. 우리는 일상에서 "내 말이 무슨 뜻인지 알겠어?"라고 말하곤 한다. 무언가를 이해함이란 의미를 창조하는 과정이고, 그 창조된 의미는 모호한 것을 더 선명하게 바라보라고 요구한다.

갈등전환은 일련의 특정한 기술 그 이상을 의미한다. 갈등전환은 '바라보는 것' 뿐 아니라 '이해하기' 위한 수단이기도 하다. 갈등 상황에서는 '바라보는 것'과 '이해하는 것', 이 두 가지 렌즈가 모두

> 갈등전환은
> '바라보는 것(looking)'
> 뿐만 아니라 '이해하기(seeing)'
> 위한 방법이다.

필요하다. 그래서 갈등전환은 사회적 갈등을 다층적으로 바라보고 이해할 수 있는 일련의 렌즈들을 제공한다.

특수 안경으로 비유해보자. 난 난생처음으로 '다중초점렌즈' 안경을 써보게 됐다. 하나의 렌즈 안에 각기 다른 렌즈들이 들어 있어서 다양하게 초점을 맞출 수 있는 안경이다. 렌즈마다 기능이 다르다. 렌즈의 첫 번째 부분은 그냥 보면 흐릿하게 보이는 멀리 있는 물체를 더 잘 볼 수 있도록 한다. 두 번째 부분은 컴퓨터 화면 같은 중간 거리에 있는 것들을 명확하게 볼 수 있도록 도와준다. 렌즈의 또 다른 부분은 책을 읽거나 낚싯줄에 낚시바늘을 꿸 때 유용한 돋보기 기능을 가졌다. 이 렌즈 비유는 갈등전환적 접근의 여러 가지 의미를 함축적으로 보여주고 있다.

멀리 있는 사물을 보려 할 때, 독서용 렌즈는 무용지물이나 다를 바 없다. 렌즈의 각 부분은 저마다 기능을 가지고 사물의 특정한 부분에 초점을 맞춘다. 실물의 한 부분에 초점을 맞추면 다른 부분들은 흐릿하게 보이기 마련이다. 카메라의 망원렌즈로 멀리 있는 사물을 보거나 현미경으로 박테리아를 본다고 생각해보자. 사물의 한 부분에 초점을 맞추면 다른 부분은 흐릿하게 보일 것이다. 이처럼 우리가 갈등을 바라볼 때도 마찬가지다. 다양한 렌즈들을 통해 갈등을 바라보면 특정 부분은 명확히 파악이 되지만, 다른 부분들은 제대로 이해하기 어려운 것이다. 렌즈마다 그 용도가 정해져 있듯 렌즈 고유의 용도, 그 이상의 역할을 기대할 수 없다.

그 때문에 우리는 하나의 렌즈로 본 것을 전체 그림인 것처럼 추측하지도 말아야 한다. 그 어떤 렌즈도 모든 부분에 초점을 맞출 수 없어서 우리는 복잡한 현실의 다양한 측면을 볼 수 있는 다중초점렌즈가 필요한 것이다. 이는 "망치만 가지고 있으면 모든 게 못으로 보인다"라는 오랜 격언을 다시금 상기시켜준다. 하나의 렌즈로 모든 갈등의 크기와 그 갈등에 함축된 의미를 볼 수 있을 거라고 기대하지 말라는 것이다.

내가 가진 하나의 틀에는 세 개의 각기 다른 렌즈가 들어 있다. 렌즈의 기능은 서로 다르지만, 렌즈를 통해 바라보는 현실이 전체적인 조화를 이루려면 렌즈들은 서로 맞물려 있어야 한다. 각 렌즈를 통해 본 특정한 부분이 서로 연결되어 있어야 전체를 이해할 수 있다. 이렇듯 다양한 렌즈를 통해 갈등을 바라보는 것은 갈등의 특정 양상을 제대로 파악하도록 도울 뿐 아니라, 갈등 전체를 조망하고 이해할 기회도 제공한다.

갈등의 전체 그림은 일종의 지도와 같다. 폭넓게 분포한 사건들을 볼 수 있을 뿐 아니라, 사건들이 어떻게 서로 연결되어 있는지도 알 수 있다. 나는 이 책에서 전체 지도를 만드는 데 필요한 세 가지 렌즈들을 제안

갈등전환의 렌즈들은
- **직면한 상황**
- **이면의 관계 패턴과 맥락**
- **이를 엮어주는 개념적인 틀을 보여준다.**

하려 한다. 첫째는 눈앞에 **직면한 상황** 자체를 올바로 보기 위한 렌즈다. 둘째는 겉으로 드러난 갈등 이면에 존재하는 관계 패턴, 즉 맥락을 읽어내는 렌즈다. 셋째는 이런 관점을 한데 엮어낼 개념적 틀이라는 렌즈다. 현재 드러난 문제를 더 깊은 차원의 관계적 패턴과 연결하려면 개념적 틀이라는 렌즈가 필요하기 때문이다. 이런 틀은 갈등을 전반적으로 이해할 수 있도록 도울 뿐 아니라 갈등을 입체적으로 다룰 수 있게 하여준다. 현재 표출된 사건과 그 문제를 촉발시킨 더 깊은 차원의 관계적 패턴을 분리해서, 각각의 차원에서 요구되는 변화가 무엇인지 다층적으로 다루도록 하는 것이다.

예를 하나 들어보자. 우리 가족은 가끔 설거지 같은 집안일을 두고 언쟁을 벌이곤 한다. 느닷없이 불거진 일상의 단편이 가족들을 갈등으로 몰아넣는다. 개수대에 한가득 쌓인 그릇들처럼 구체적인 사건으로 갈등이 촉발된다. 그러나 설거지로 촉발된 갈등은 가족들의 더 깊은 차원의 관계 패턴을 반영한 하나의 현상일 뿐이다. 드러나지 않았을 뿐 가족들 사이에 작용하고 있던 관계 패턴이 설거지라는 사건을 통해 표출된 셈이다. 여기서 문제는 단순히 '누가 설거지할 것인가'가 아니다. 사실상 우리의 삶은 관계 속에서 벌어지는 협상의 연속이라는 점을 기억해야 한다. 서로에 대한 기대감 사이에서, 개인의 정체성과 가족으로서의 정체성의 거리감 사이에서, 자기의 욕구를 존중하는 것과 서로 돌보아야 하는 의무감 사이에서, 관계 속에서의 작용하는 의사결정의 역학관계 속에서 일어나는 협상의 연속이다. 싱크대에 한가득 쌓인 그릇들에는 이 모든 것이 내포된 것이다.

"누가 설거지할 거야? 지난번에는 누가 했지? 나중에는 누가 할 거야?"라는 물음들 속에 이미 그런 염려들은 포함되어 있다. 알다시피, 이것은 단지 '누가 그릇을 씻을 것인가' 하는 문제가 아니다. 만약 설거지 이면에 놓인 관계 패턴과 맥락을 통찰할 수 있다면 다른 차원으로 문제를 이해할 수 있다. 설거지라는 외부적 문제로 우리의 내면적 관계의 상태가 드러났고 결국 다툼이 발생했다고 볼 수 있다.

"오늘 설거지 당번은 누구야?" 하고 묻긴 쉽다. 대답을 찾으면 문제 될 것도 없다. 그리고 대개 그렇듯 문제의 더 깊은 차원을 보는 데 충분한 시간과 관심을 할애하지 않고, 빠른 해결책을 모색한다. 그러나 그런 빠른 해결책은 '가족 구성원들과 그들의 관계 안에서 벌어지는 또 다른 차원의 의미를 통찰하지 못한다. 또한, 보다 깊은 차원의 문제가 다뤄지지 않으면, 이는 쌓여 있는 빨래더미, 바닥에 널브러진 신발 등 다른 사건으로 갈등이 불거질 것이다.

갈등전환적 렌즈는 설거지 문제라는 사건 이면에 있는 관계 패턴과 맥락을 다시 돌아볼 것을 제안한다. 갈등전환은 당장 문제를 해결할 수 있는 응급처방에 만족하지 않고, **내용**content, **상황**context, **구조**structure를 다층적으로 다루기 위한 틀을 만드는 데 집중한다. 전환적 관점은 갈등을 건설적인 변화를 이끌어내는 기회로 본다. 갈등전환적 관점 자체가 표출된 사건에 대한 구체적인 해결책을 제공하는 동시에, 사건 이면에 숨겨진 관계 패턴과 구조를 성찰하고 변화를 유도하는 기회를 제공한다. 만약 우리가 다뤄야 할 갈등의 문제들이 설거지할 그릇 정도의 문제라면 위에서 든 예가 너무 과장된 것처럼 들릴 것이다. 하지만, 씻어야 할 그릇들을 삶, 성장, 관계, 이해를 성찰해볼 수 있는 창문으로 여긴다면 마냥 허무맹랑하게 들리지만은 않을 것이다.

갈등전환적 틀은
– 내용
– 상황
– 구조
　　를 다룬다.

　어떻게 이런 렌즈들을 만들어낼 수 있을까? 우리는 갈등전환이라는 용어가 무엇을 의미하는지 좀 더 명확하게 정의하는 것에서부터 시작하려 한다. 갈등전환적 접근이 갈등과 변화를 어떻게 이해하는지 살펴보고, 사회적 갈등에 전환적인 개념을 어떻게 적용하는지 좀 더 실제로 접근해가려고 한다.

3장 · 갈등전환 정의하기

갈등전환의 의미를 다음과 같이 설명할 수 있다.

갈등전환은 사회적 갈등이 **주기적으로 변한다**는 것을 상상하고 이에 반응하는 것이다. 사회적 갈등은 **건설적인 변화**를 창출하기 위해 삶에 **역동성을 불어넣을 기회**다. 건설적인 변화의 과정은 **구조적 폭력은 최소화**하되 **정의는 극대화**하는 것이며, 인간관계 속에서 발생하는 문제에 **창의적으로 반응**하는 것이다.

갈등전환이 내포한 뜻을 찾으려면 굵은 글씨로 표시된 부분에 주목할 필요가 있다. 어디론가 여행을 떠난 사람의 머리와 가슴, 손과 발을 갈등전환의 개념에 비유해보자.

갈등전환과 머리

머리는 갈등을 분석한다. 갈등에 대한 개념적 관점을 통해 '갈등을 어떻게 바라보고, 접근할 것인지' 고민한다. 머리는 갈등을 창조적으로 전환해내도록 태도, 통찰력, 방향 등을 제시한다. 갈등전환은 '상상하다'와 '반응하다'라는 용어를 사용한다.

상상하다란 말은 능동형 동사다. 그 속에는 의도적 관점과 태도, 방향과 목적을 제공하는 안목과 이를 창조하려는 의지가 담겨 있다.

갈등전환은 두 가지 기초 위에 세워진다.

* 첫째는 갈등을 긍정적으로 **상상하는 능력**이다. 갈등을 건설적인 성장 가능성을 지닌 자연스런 현상으로 받아들이는 것이다.
* 둘째는 갈등이 가진 긍정적인 변화의 잠재력을 극대화하는 방식으로 **반응하려는 의지**다.

갈등은 자연스러운 것이고 인간관계 속에서 끊임없이 발생하는 역동성이라는 것을 인식하는 것이 갈등전환이다. 더 나아가 갈등은 건설적인 변화의 잠재력을 지니고 있다. 그렇다고 항상 긍정적인 변화가 일어나는 것은 아니다. 갈등으로 상처와 파괴

갈등전환은
자연스러운 것이고
인간관계 속에서 끊임없이
발생하는 역동성이라는 것을
인식하는 것이다.

가 악순환하는 경우가 대부분이다. 하지만, 갈등전환은 갈등 자체를 잠재적 성장의 기폭제로 바라보려는 적극적인 의지의 표현이다. 이것이 핵심이다.

'반응하다'란 단어가 시사하는 것이 무엇일까? 갈등에 대한 '긍정적 비전'은 새로운 기회를 만들고, 그 기회는 반드시 행동이란 결과를 낳는다. 이런 비전은 우리가 갈등을 회피하는 것이 아니라 갈등에 적극적으로 참여하게 한다. '반응하다'란 표현에는 경험을 통한 배움의 과정에서 '삶의 가장 깊은 차원의 이해'가 나온다는 믿음도 담겨 있다.

앞서 언급한 '두 가지 토대' 즉 상상하고 반응하는 것은 '머리'에서 이뤄진다. 이 두 가지 단계는 삶, 관계, 공동체에서 발생하는 갈등에 우리가 '어떻게 접근하는지' 그 대응방식을 결정한다.

갈등의 주기적인 변화: 우리는 갈등을 상승과 하락, 확대와 축소, 봉우리와 골짜기로 본다. 특정한 패턴으로 되풀이되는 갈등의 흐름 속에서 우리는 특정한 산봉우리와 골짜기에만 주목하게 된다. 하지만, 갈등전환은 하나의 산봉우리와 골짜기에만 집중하는 것이 아니라 수많은 산봉우리와 골짜기가 연결된 산 전체를 조망하는 것에 가깝다.

이해를 돕도록 좀 더 동적인 비유를 들어보자. 해변에 넘실대는 파도를 생각해보자. 갈등전환은 솟구쳤다가 해변에 부딪히는 파도에만 집중하는 좁은 관점이 아니다. 갈등전환은 더 큰 패턴을 이해하는 데서 시작해야 한다. 인간관계를 넓은 바다에 비유할 때, 갈등전환은 파도뿐 아니라 파도를 만들어내는 조수간만의 에너지, 그리고 시기와 계절, 기후까지 더 폭넓은 차원을 들여다보고 이해하는 것이다.

갈등에는 변화와 패턴이 있기 때문에 갈등을 바다에 비유하는 것이다. 파도가 몰아치는 바다도 때론 예측 가능하고, 잔잔하고, 심지어 고요하기까지 하다. 바다는 주기적인 사건, 계절, 기후라는 요소들이 결합해, 주변 모든 것에 영향을 미치는 큰 변화를 만들어낸다.

갈등전환적 관점은 각각의 사건들을 별개로 보지 않는다. 일련의 갈등은 더 큰 관계적 패턴에 포함되어 있기 때문이다. 갈등전환은 당면한 문제와 더 넓은 차원의 패턴, 둘 모두를 이해하는 것이다. 바다는 끊임없이 움직이는 유동적이고 역동적인 존재다. 하지만, 그 모든 흐름은 그것을 형성하는 엄청난 힘과 방향에 연결되어 있다.

심장

인간의 몸에서 심장은 생명의 중심이다. 심장은 끊임없이 박동하며 인간의 생명을 유지시킨다. 비유로 말하자면, 심장가슴은 감정, 직관, 영적 삶의 중심부에 해당한다. 심장은 우리의 길잡이이자, 에너지원이며, 방향이다. 심장은 출발점과 반환점을 동시에 제공하며 갈등전환의 중심을 형성한다.

인간관계: 생물학자와 물리학자는 생명이 신체적 물질에서보다 눈에 잘 보이지 않는 물질 간의 관계와 연결에서 더 잘 발견된다고 말한다. 마찬가지로, 갈등전환의 핵심은 관계에 있다. 갈등은 마치 심장처럼 관계에서 흘러나오고 관계로 돌아가는 것이다.

관계는 눈에 잘 보이는 면도 있지만, 잘 보이지 않는 면도 있다. 갈등에 내재된 긍정적인 잠재력을 고무시키려면 드러난 문제에만 집중하기보다 눈에 보이지 않는 부분까지 초점을 맞춰야 한다. 물론 표출된 문제를 다루는 것도 중요하고 창조적인 접근도 요구된다. 하지만, 중요한 것은 인간관계가 갈등을 만들어내고 그 갈등에 역동성을 불어넣는 '관계의 생태계'라는 더 큰 차원의 연결망을 상징한다는 것이다.

잠깐 바다의 이미지로 다시 돌아가 보자. 수없이 반복되는 파도 중에서 하나의 파도만 생각해보자. 만약 그 한 번의 파도가, 사회적 갈등이 점점 더해지는 상황에서 최고조에 이른 갈등을 가시적으로 보여주는 것이라면, 아래위로 요동치는 파도를 만들어내는 바다의 흐름은 갈등 이면에 복잡하게 얽힌 인간관계를 보여 주는 것이다. 그런 점에서 가시적이든 비가시적이든, 단기적이든 장기적이든 모든 인간관계는 갈등전환적 프로세스의 핵심이다.

생명력을 불어넣어 주는 기회들: '생명을 불어넣다'란 말을 갈등의 상황에 적용하면 몇 가지 생각이 떠오른다. 가장 먼저 '삶이 갈등을 만들고 갈등이 삶을 만든다'는 말이 떠오른다. 삶은 필연적으로 갈등을 만들어내고, 갈등은 삶의 한 부분이 된다. 심장 박동으로 혈액순환이 되고 그 때문에 생명이 유지되는 것처럼 갈등은 우리 삶에 생기를 불어넣는 존재가 되기도 한다.

갈등은 삶에서 나온다. 갈등은 우리를 위협하는 존재가 아니라, 우리 자신, 이웃, 그리고 사회 구조를 더욱 온전히 이해하도록 돕고 우리에게 성장의 기회를 제공한다. 어떤 차원의 갈등이든, 관계 속의 갈등은 우리를 '멈추고', '살펴보고', '조심하도록' 돕는다. 그래서 갈등은 '선물'이다. 갈등을 선물로 인식할 때야말로 우리의 사람됨을 제대로 인식할 수 있다. 단조롭고 밋밋한 풍경 사진처럼, 갈등이 없는 삶에서 우리의 관계는 불행할 정도로 피상적일 것이다.

갈등은 생명력을 창조해내기도 한다. 우리는 갈등을 통해 반응하고, 혁신하고, 변화한다. 갈등은 인간관계와 사회 구조의 필요와, 열망에 역동적이고 정직하게 반응하도록 하는 변화의 동력이기도 하다.

손

손은 무언가를 만지고 느낄 수 있는 신체 부위다. 무언가를 실천할 때 주로 손을 사용하게 된다. 우리가 무언가를 "손수 한다"라고 할 때는 그 실천 현장에 충분히 가까이 다가가 있다는 뜻이다. 이와 관련해서 '건설적인constructive' 이라는 단어와 '변화 과정 change process' 이라는 용어, 이 두 가지가 눈에 띈다.

건설적인: 건설적이라는 말에는 두 가지 뜻이 있다. 첫째, 동사에 뿌리를 두고 있는데 세우고, 형성하고, 구성한다는 것을 의미한다.

둘째, 이것은 긍정의 힘을 의미하는 형용사다. '전환'이라는 말에는 이 두 가지 뜻이 담겨 있다. 사회 갈등이 폭력적이고 파괴적인 패턴으로 발전한다는 사실을 회피하지 않고 받아들인다. 대신 갈등전환은 복잡하고 부정적인 갈등에서 명확하고 긍정적인 것을 창조해내는 '발전적 변화'를 추구한다. 관계를 개선하는 창조적인 해결책들을 세워가는 동안 갈등을 생산해내는 관계적·구조적 패턴을 통찰한다. 갈등이 곧 기회라는 데는 이런 전제가 깔려 있다.

변화 과정: 이 접근의 중심은 **변화 과정** 즉, 어떻게 갈등을 파괴적인 것에서 건설적인 것으로 변화시켜갈 수 있느냐 하는 갈등전환의 요소와 토대를 말한다. 이런 변화는 가시적으로 보이는 갈등뿐 아니라 그 갈등을 만들어내는 배경과 관계적 맥락까지 보고, 이해하고, 반응하는 능력을 기를 때 가능하다. 갈등은 어떤 과정을 통해 생산되는가? 갈등이 건설적인 방향으로 진화하도록 갈등이 생성되는 과정을 변화시키려면 어떻게 해야 하는가? 이렇듯 변화 과정에 주목하는 것은 갈등전환을 위한 중요한 열쇠가 된다.

갈등전환은 사회적 갈등의 역동적인 측면에 초점을 맞춘다. 갈등전환의 핵심은 관계적 맥락을 수렴하는 것, 갈등을 기회로 보는 관점, 창의적 변화를 독려하는 것이다. 갈등전환의 이런 접근이 갈등에 대한 정형화된 관점은 아니지만, 그렇다고 갈등의 정형화된 관점을 포함하지 않는 것도 아니다. 갈등은 관계망의 흐름 속에서 보아야 하고 그 흐름 속에서 볼 때 제대로 보인다. 앞으로 살펴보겠지만, 갈등전환은 '창의적 토대'를 생성하는 데 초점을 둔다. 여기서 창의적 토대란 구체적인 문제 해결을 위한 장치와 함께 사회구조적 패턴의 변화를 가져올 수 있는 기반을 말한다.

다리와 발

땅을 딛고 선 다리와 발은 모든 여정의 시작점을 상징한다. 다리와 발은 머리의 생각과 가슴의 심장박동이 방향과 운동량으로 전환되는 행위의 시발점이다. 갈등이 생겼을 때 실생활의 문제와 필요, 갈등의 실체에 제대로 적용할 수 없다면, 갈등전환은 이상에 심취한 몽상가들의 전유물로 전락할 것이다.

실천을 추구해야 하는 갈등전환은 두 가지 역설에 직면하며 다음의 질문과 맞닥뜨리게 된다. '인간관계 속에서 폭력은 최소화하고 정의를 극대화하는 방법으로 갈등을 다루려면 어떻게 해야 할까?' 그리고 '개인 간의 건설적이고 직접적인 상호소통을 하면서 동시에 시스템과 구조의 변화를 유도하려면 어떻게 해야 하는가?'

> 갈등전환은 평화를 고정된 "최종상태"로 보기보다 관계의 지속적인 진화와 발전의 과정으로 본다.

폭력의 최소화와 정의의 극대화: 갈등전환은 평화가 인간관계의 질적 수준에 뿌리를 두고 있고, 그 관계의 중심에 평화가 있다고 여긴다. 이런 인간관계는 두 가지 차원으로 나뉜다. 얼굴을 맞대고 직접 상호작용하는 개인적인 차원과 정치·경제·문화적 관계들로 구성된 사회적 차원이다. 그런 점에서 평화는 신과학의

"과정-구조process-structure"라는 틀에 가깝다. '과정 구조'는 역동적이고 가변적이며 적응성을 지니지만, 여전히 형태와 목적과 지향점을 가지고 형성되어가는 현상을 말한다. 갈등전환은 평화를 완성된 상태가 아니라 실현되어가는 과정으로 본다. 고정된 "최종상태"가 아니라 관계의 지속적인 진화와 발전의 과정으로 본다는 것이다. 그러므로 평화구축 활동은 비폭력적 접근을 통해 갈등의 주기적인 변화를 다루기 위한 의도적인 노력이라고 말할 수 있다. 여기서 비폭력적 접근이란 관계 속에서 서로 존중과 이해와 평등을 증대시키면서 문제를 해결해나가는 것을 말한다.

폭력을 줄이려면 눈에 보이는 갈등의 내용과 문제뿐 아니라 그 이면에 있는 패턴과 원인까지도 해결해야 한다. 이런 과정에서 정의가 실현되어야 할 이슈들도 짚고 넘어가게 되는 것이다. 실질적인 변화를 이끌어내려 할 때 그 방법도 정당해야 한다. 그러려면 사람들이 자신의 삶에 영향을 미치는 정책 결정 과정에 참여하고 목소리를 내야 한다. 한 걸음 더 나아서 관계적·구조적 차원에서 불의함을 재생산해내는 패턴도 심도 있게 다루고 변화시켜야 한다.

직접적 상호소통과 사회적 구조: 이미 언급했듯이, 개인 차원이 아니라 그룹 간, 그리고 구조적 차원에 이르기까지 관계의 모든 계층에서 변화 과정을 예측하고 참여할 수 있는 능력을 길러야 한다. 여기에 크게 두 가지 종류의 능력이 있다. 한 가지는 직접 만나 상호 교류하는 능력이다. 다른 능력은 가족 단위에서 사회 구조를 조직할 때 관료 집단에 이르기까지, 그리고 지역사회부터 세계적 범위에 이르기까지 변화를 이해하고, 이끌어내고, 만들어내는 것이다.

갈등전환은 건설적인 변화를 촉진하기 위한 근본적인 방법 중 하나가 '대화dialogue'라고 여긴다. 대화는 대인관계와 구조적 차원의 정의와 평화를 도모하는 데 필수적인 요소다. 대화는 수단일 뿐 아니라 그 자체로 본질적인 요소이기 때문이다.

우리가 흔히 생각하는 대화란, 개인 혹은 집단 사이에 일어나는 직접적인 의사소통을 의미한다. 갈등전환도 이런 관점을 공유한다. 폭력을 최소화하기 위한 '다양한 기술적 장치'들은 생각을 교환하고, 이슈에 대한 공동의 의미를 찾아내고, 해결책을 모색하기 위한 소통의 능력에 근거한다. 하지만 갈등전환은 사회 제도, 구조, 인간관계의 패턴을 형성하는 공적

> 갈등전환은 사회적 갈등의 주기적인 변화를 상상하고 이에 반응하는 것이다. 사회 갈등은 삶에 역동적 변화를 이끌어내는 기회로써 건설적인 변화를 창출한다. 건설적인 변화의 과정은 구조적 폭력을 최소화하며 정의를 극대화하는 것이며, 인간관계 속에서 발생하는 문제에 창의적으로 응답하는 것이다.

영역을 만들고 이에 적용할 때도 대화가 필요하다고 믿는다. 넓은 의미에서 지역사회의 민생을 위한 시스템을 사람들이 직접 참여해 만들어갈 수 있는 과정과 공간이 필요하다. 건강한 관계와 조직과 시스템을 만들고 이를 실행해나가기 위해서 대화를 통한 건설적인 상호소통이 필수적이다.

깊게 들여다보면, 갈등전환의 초점은 정의를 극대화하고 폭력을 최소화시키는 변화 과정을 통해 갈등에 창조적이고 유연하게 대응하는 '적응반응adaptive responses'들을 만들어내는 데 있다.

4장 · 갈등과 변화

갈등은 일어난다. 갈등은 자연스러운 현상이고 인간관계 속에서 끊임없이 반복되어온 일이다. 변화 또한 마찬가지다. 어떤 인간관계와 공동체는 고정된 상태가 아니라, 언제나 역동적이고 끊임없이 변화한다. 갈등은 다양한 방식으로 상황에 영향을 미치고 변화를 만들어낸다. 이 변화를 개인적 · 관계적 · 구조적 · 문화적 측면에서 분석해보자.

갈등은 우리에게 개인적 · 관계적 · 구조적 · 문화적으로 영향을 미친다.

먼저 아래 두 가지 질문을 통해 갈등의 변화에 대해 생각해보자.

1) 갈등이 어떤 변화를 만들어내는가? 예를 들어, 갈등의 패턴과 영향은 어떤 것들인가?

2) 갈등을 통해 어떤 변화를 추구해야 하는가? 이 질문에 대답하기 위해 우리의 가치와 목적이 무엇인지 물어볼 필요가 있다.

이 두 가지 질문을 염두에 두고, 앞서 언급한 네 가지 범위개인적 · 관계적 · 구조적 · 문화적에 대해 생각해보자.

개인적 차원

개인적 측면에서의 갈등은 개인이 영향을 받은 변화를 의미하기도 하고, 개인이 추구했던 변화를 뜻하기도 한다. 갈등은 인지적 · 감정적 · 지각적 · 영적 영역까지 포함하는 한 개인의 전인격적인 영역에 영향을 미친다.

"갈등이 어떤 변화를 가져오는가"라는 서술적 관점으로 살펴보자. 갈등전환은 갈등 때문에 인격체인 우리가 긍정적 · 부정적인 영향을 동시에 받는다는 것이다. 갈등은 우리의 신체적 웰빙, 자존감, 감정적 안정감, 정확하게 인지하는 능력, 영적인 부분까지 영향을 미친다.

이번에는 "갈등을 통해 어떤 변화를 추구해야 하는가"라는 규범적 관점으로 설명해보자. 갈등전환은 사회적 갈등의 파괴적인 영향을 최소화하고 한 인격체인 개인의 신체적 · 감정적 · 영적 단계의 성장 잠재력을 최대화하기 위해 개입하는 것을 의미한다.

관계적 차원

관계적 측면은 개인이 대면하는 일대일 관계에서의 변화를 나타낸다. 여기서 우리는 관계적 정서에서부터, 권력관계, 개인의 독립성까지 고려해야 한다. 또 당사자들이 터놓고 대화하며 서로 감정을 충분히 표현하고 이를 상호 교환하도록 유도하는 갈등의 또 다른 측면도 고려해야 한다.

관계적 차원에서 '갈등이 가져오는 변화' 서술적 관점는 갈등이 의사소통과 상호작용의 **패턴**에 어떤 영향을 미치는지 보여주는 것이다. 이는 눈에 보이는 이슈로 생기는 긴장 상태를 넘어 갈등에 의해 발생하는 근원적인 변화를 직시하는 것이다. 사람들이 상황을 어떻게 인지하는지, 무엇을 원하는지, 무엇을 추구하는지, 집단과 집단 사이에서뿐만 아니라 대인관계를 조직해나가는 패턴까지 여기에 포함한다. 갈등은 관계를 변화시킨다. 다음의 구체적인 질문들을 통해 그 변화를 짐작해볼 수 있다. 사람들은 인간관계 속에서 얼마나 가까워지고 혹은 거리를 두길 원하는가? 그들은 권력힘을 어떻게 만들어가고, 나눌 것인가? 어떻게 자신과 다른 사람들의 기대를 인식하는가? 그들의 삶, 관계, 대화와 상호소통의 패턴에서 그들의 희망과 두려움은 무엇인가?

관계적 측면에서 '갈등을 통해 추구해야 할 변화' 규범적 관점는 빈곤한 소통을 최소화하고 상호 간의 이해를 최대화하기 위한 의도적인 개입을 의미한다. 여기에는 관련된 사람들의 관계적 두려움, 희망, 목표들을 분명하게 표면화시키기 위한 노력이 포함된다.

구조적 차원

구조적 차원은 갈등의 근원적인 원인과 그것이 사회적 · 정치적 · 경제적 구조 속에서 일으키는 패턴과 변화를 강조한다. 갈등이 사회적 구조, 조직, 기관들을 어떻게 만들고, 유지시키고, 변화시키는지 관심을 기울이는 것이다. 갈등을 통해 인간의 기본적인 필요를 발견하고, 이를 충족시켜줄 자원을 찾아서 연결해주고, 그룹과 공동체와 사회 전체에 영향을 끼치도록 의사결정을 하도록 사회 · 경제 · 정치 · 제도적 관계를 세우고 조직해가는 방법에 관한 것이다.

구조적 차원에서 '갈등이 가져오는 변화' 서술적 관점는 갈등을 가져오는 사회적 조건을 분석하는 것이다. 또 현재의 사회적 구조와 의사결정 패턴의 변화에 갈등이 어떻게 영향을 미치는지 그 방식도 함께 분석하는 것이다.

구조적 차원에서 '갈등을 통해 추구해야 할 변화' 규범적 단계는 통찰을 얻으려고 의도적으로 개입하는 것이다. 갈등을 폭력적으로 표출하게 하는 사회적 환경은 무엇인지, 그 환경을 조성하는 근본적인 원인과 사회적 조건이 무엇인지 통찰하는 것이다.

덧붙여, 적대적 상호작용을 줄이려고 비폭력적인 문제 해결 방식을 촉진하고, 이를 통해 폭력의 최소화와 궁극적인 제거를 추구하는데 이는 비폭력적인 방식으로 변화를 유도하는 것도 포함한다. 이런 변화를 이끌어내려고 시민의 참여를 최대화하고, 기본적인 필요를 채워줄 수 있는 구조적 발전을 유도하는 것이다. 자신의 삶에 직접적인 영향을 미칠 수 있는 사안을 결정하는 과정에 사람들의 참여를 최대화하는 절차적 정의를 추구하는 동시에 인간의 가장 기본적인 필요를 채워줄 수 있는 구조적 발전실질적인 정의을 도모하는 것이다.

문화적 차원

문화적 차원은 해당 집단의 정체성과 갈등의 패턴에 영향을 미치는 문화에 의해 형성되는 가장 광범위한 변화를 말한다.

문화적 차원에서 '갈등이 가져오는 변화' 서술적 단계는 무엇인가? 어떻게 갈등이 집단의 문화적 패턴에 영향을 미치고 변화시키는지, 또 그렇게 축적되고 공유된 패턴이 그 상황 속에 있는 구성원들에게 어떻게 영향을 끼치는지 이해하려는 것이다. 특히 갈등 상황에서 구성원들이 갈등을 어떻게 이해하고 반응하도록 영향을 끼치는지 알 수 있도록 돕는다.

문화적 차원에서 '갈등을 통해 추구해야 할 변화' 규범적 단계는 갈등을 만들어내는 문화적 패턴을 이해하도록 돕는 것이다. 그리고 갈등을 통해 생산적인 변화가 일어나도록 집단의 문화 속에서 갈등전환을 위한 자원과 구조를 찾아내고, 이를 촉진하고, 만들어가도록 돕는 것이다.

  그리고 **분석적인** 틀로서 갈등전환은 개인적 · 관계적 · 구조
적 · 문화적 차원에서 발생하고 변화를 생산해내는 사회적 갈등
에 대한 이해를 추구한다. 갈등 개입을 위한 전략으로서 갈등전
환은 변화 지향적인 목적을 가지고 발전적인 변화를 만들어가는
것이다.

갈등전환, 적용 범위에 따라 목표를 달리하라

개인적 차원

- 사회 갈등의 파괴적인 영향을 최소화하고 신체적·감정적·지적·영적 단계에서 한 개인의 인격적 웰빙과 성장 잠재력을 최대화하는 것이다.

관계적 차원

- 빈곤한 소통을 최소화하고, 상호 이해를 최대화하는 것이다.
- 관계 속에 있는 감정, 상호 의존과 관련된 두려움, 희망을 끌어내고 이를 다루는 것이다.

구조적 차원

- 폭력이나 해로운 형태의 갈등 표출을 유발시키는 근본 원인과 사회적 조건을 이해하고 이를 다루는 것이다
- 적대적인 대립을 줄이고 폭력을 최소화하면서 궁극적으로는 폭력을 없애고자 비폭력적인 수단을 촉구하는 것이다.
- 인간의 기본적 필요_{실질적인 정의}를 채워줄 수 있는 구조적 발전을 조성하고 삶에 직접적인 영향을 미칠 수 있는 사안을 결정하는 과정에 사람들의 참여를 최대화_{절차상 정의}하는 것이다.

문화적 차원

- 갈등의 폭력적 표출을 유발하는 문화적 패턴을 규정하고 이해하는 것이다.
- 사회적 문화 속에서 갈등을 다루고 건설적인 대답을 줄 수 있는 자원과 구조를 발견하고 만들어가는 것이다.

5장 · 갈등해결과 갈등전환 연결하기

지금까지 '전환'을 갈등과 변화라는 관점에서 살펴보았다. 이제 그 관점을 적용 가능하도록 하려면 무엇이 필요한지 고민해볼 것이다. 개념적인 부분도 다루겠지만, 실용적인 방향으로 논의를 이어가려 한다. 전체를 조망할 수 있는 "거시적 그림"을 놓치지 않으면서 계속 논의를 발전시켜갈 것이다. 다시 말해, 갈등전환에 대한 세부적인 계획과 적용 방안을 분석하고 발전시켜나가기 위한 전략적 비전이 필요하다. '거시적 그림'을 그리고 있어야 목적과 방향을 놓치지 않는다. 그렇지 않으면 수많은 이슈와 위기 그리고 엄청난 불안감에 휘말려 즉흥적으로 반응하게 될 것이다. 결국, 상황에 대한 명확한 이해도 없이 절박한 긴박함에 쫓겨 다닐지도 모른다. 의미 있고 생산적인 사회적 변화를 이끌어내지 못한 채 눈앞에 산적한 문제를 해결하는 데만 급급할 수 있다.

'거시적 그림'을 그려내기 위한 좋은 방법의 하나는 갈등을 설명하기 위해 사용했던 은유적 표현을 다시 규정하고 분석하는 일이다. '해결'과 '전환'이란 표현을 비교하는 것이 적절한 출발점인 듯싶다.

갈등해결과 달리 **갈등전환**은 갈등을 바라보는 또 다른 관점을 제시한다고 말해왔다. 갈등전환적 관점은 사회 갈등을 바라보고 이에 반응하는 방식을 근본적으로 재정립하는 작업이다. 여기서 놓치지 말아야 할 점은 갈등전환이 지니는 함축된 의미를 분석해야 하는 이유는 다름 아닌 실천이라는 사실이다.

갈등해결에서 **갈등전환**으로 옮겨간다는 것은 무엇을 의미하는가. 그건 바로 우리가 갈등을 설명하기 위해 사용했던 '길잡이 개념'을 변화시키고 확장시키는 것이다. 우리는 지금껏 해석과 실천을 위한 골격구조로 해결이라는 용어를 광범위하게 사용해왔다.

갈등해결은 실천가 그룹과 연구 집단, 양쪽 모두에게 널리 알려졌고 적용되어 왔다. 반세기 이상 현장에서 다뤄온 개념이다. 이 분야의 접근법, 이해, 개념정의들의 상당 부분은 자신이 말하는 갈등전환론적 관점에 근접한 것들이다. 다시 한 번 강조하지만, 나의 관심은 해결과 전환이란 용어를 정의하는 데 있지 않다. 해결과 전환이란 용어가 뜻하는 내용과 그것을 적용하는 것이 나의 주된 관심사다.

가장 기본적인 수준에서 살펴보자. 해결이라는 용어 속에는 문제 해결을 위한 해법을 찾는다는 의미가 담겨 있다. 해결이라는 용어는 보통 매우 고통스러운 경험을 수반하는 이슈나 사건을 인식시키는 것을 떠올리게 한다. 우리가 "해답solution"이란 단어에 "재/다시re"라는 접두어를 붙일 때, 우리가 의도하는 바가 더욱 명확하다. 문제 해결을 위한 해답 혹은 결론을 추구하려는 우리의 의지가 담겨 있는 것이다. 갈등해결이 던지는 질문은 이것이다. "어떻게 하면 원하지 않는 것을 끝낼 수 있는가?"

갈등해결이 해답을 찾는 데 집중한다면 갈등전환은 변화를 지향하도록 유도한다. 어떤 형태에서 또 다른 형태로 어떻게 변화할 것인가 하는 물음을 가지게 한다는 것이다. 이 변화의 과정이 '길잡이 언어'에 핵심이다. 본질적으로, '형성하다form'는 어근에 '변형trans'이라는 접두사를 결합할 때, 우리는 현재 상황과 그 너머의 새로운 어떤 것을 동시에 바라보게 된다. **전환**이라는 용어가 우리에게 던지는 질문은 이것이다. "어떻게 하면 우리가 원하지 않는 상황을 마무리 짓고, 우리가 원하던 것을 만들어갈 것인가?"

갈등해결은 눈앞에 닥친 문제 자체에 집중하는 경향이 있다. 즉각적인 해결책들을 제시할 것을 강조하고, 문제의 실체와 내용에 집중한다. 공항 가판대에서부터 주류 연구기관의 도서관에 이르기까지, 협상 기술에 관한 문헌들이 갈등해결 분야의 주를 이루는 이유가 여기에 있다. 요약하자면, 갈등해결은 '내용content

중심'이다.

한편, 갈등전환이라는 개념은 '관계의 패턴'에 집중한다. 물론 내용도 고려하지만, 갈등이 관계 패턴의 시스템과 그물망에 뿌리 내리고 있다고 보기 때문이다.

물론 갈등해결과 갈등전환, 양쪽 모두가 과정 중심이라고 주장한다. 하지만, 갈등해결은 위기와 분열이 발생한 상황에서 직접적으로 드러난 문제에 초점을 맞추고 이를 해결하기 위한 과정을 구축하는 데 에너지를 쏟는다. 이에 비해 갈등전환은 눈앞에 닥친 문제를 하나의 기회로 여긴다. 갈등은 더 광범위하게 개입할 수 있는 기회이기도 하고, 위기를 가져온 관계 시스템과 패턴을 이해하고 탐구할 기회가 될 수도 있다. '표출된 문제'와 그 문제를 만들어낸 '관계 패턴의 시스템', 이 두 가지 모두를 해결할 방안을 모색한다.

장기간의 비전을 요구하는 갈등전환은 당장 필요를 채워야 한다는 압박감 때문에 불안함을 뛰어넘는다. 갈등전환은 '위기에 끌려 다니는 것crisis-driven'이 아니라, '위기 대응적 접근a crisis-responsive approach'이다. 갈등 때문에 생기는 고통과 두려움은 이를 없애려고 재빨리 문제를 해결해버리려는 충동을 일으키고, 이런 충동이 단기적 안정감을 선택하도록 우리를 부추긴다. 이런 과정에서 도출되는 해결책이 과연 문제를 유발한 더 깊은 차원의 관계적 맥락과 패턴을 다룰 수 있을지는 의문이다.

마지막으로, 갈등해결과 갈등전환은 갈등을 해석하는 방식에도 차이점을 보인다. 갈등해결은 갈등을 완화하려는 방법에 초점을 맞추려는 성향이 있다. 갈등전환은 갈등 완화와 해결뿐만 아니라 갈등을 통해 건설적인 변화를 증대시키기 위한 노력까지 고려한다. 건설적인 변화는 갈등 상황에서 발생하는 다양한 역할, 기능, 과정을 공개적으로 표출시키라고 요구한다.

요약하면, 갈등전환도 갈등해결이 제시하는 긍정적인 기여와 접근 방식을 모두 포함하지만, 거기에 제한되진 않는다. 갈등전환은 특정 문제의 해결보다는 갈등의 진원지를 찾는 데 더 많은 노력을 기울인다.

어떤 갈등은 관계나 시스템, 혹은 특정 시간적 테두리 안에서 고조되는 갈등을 시각적으로 표출한다. 어떤 갈등은 반응을 요구하는 특정 이슈에 대한 사람들의 관심과 에너지를 이끌어내기도 한다. 갈등의 진앙은 대부분 과거부터 축적된 '갈등의 역사'로부터 비롯되고, 관계적 패턴의 그물망은 새로 발생하는 사건과 이슈를 통해 계속 만들어진다. 갈등으로 인간관계 속에서 에너지가 방출된다면, 갈등의 진앙은 바로 그 에너지가 생성되는 곳이다.

갈등의 진앙에 초점을 맞추면 다양한 질문을 하게 된다. 발생한 문제 안에서 인간관계의 거시적 그림과 그 패턴은 무엇인지,

갈등전환은 표출된 갈등과 이를 촉발시킨 갈등의 진앙, 양쪽 모두를 다룬다. 더 넓은 차원에서 그 문제를 조성한 환경은 무엇이며, 당장 해결해야 할 이슈에 대응하기 위한 변화의 가능성과 그 변화를 위해 필요한 것은 무엇인지, 현재의 위기 속에서 발견한 가능성의 씨앗을 통해 우리가 키워가기 바라는 장기적 비전은 무엇인지 등의 핵심적인 질문들이 생긴다.

갈등전환은 시간에 대해 확장된 관점을 제공한다. 갈등이 가져온 위기를 해결 위주의 프레임이 아닌, 관계와 사회적 상황이라는 프레임으로 확장된다. 이것은 문제 해결과 건설적 변화 과정, 양쪽 모두를 볼 수 있는 렌즈를 제공한다. 갈등전환을 이루는 열쇠는 건설적인 변화를 위해 적극적이고 빠르게 대응하고 적용할 수 있는 기반을 설계하는 데 있다. 건설적인 변화는 위기와 눈앞에 맞닥뜨린 이슈에 의해 만들어진다. 갈등은 그 자체로 갈등의 진앙을 다룰 기회가 된다.

갈등 해결 vs. 갈등전환

	갈등 해결적 관점	갈등전환적 관점
핵심 질문	원하지 않는 상황을 어떻게 종식할 것인가?	어떻게 우리가 원하지 않는 상황을 종식하고, 우리가 추구하는 새로운 것을 일궈갈 것인가?
초점	내용 중심	관계 중심
목적	위기를 가져온 갈등에 대한 해결책과 합의를 이끌어내는 것	직접적인 해결책을 포괄하는(국한되지 않으면서) 건설적인 변화 프로세스를 촉진하는 것
과정의 발전	눈앞에 닥친 문제의 긴급성에 영향을 받고 만들어진다.	관계 속에 포함된 시스템을 진단하고 다루는 데 관심을 가진다.
시간 프레임	단기적 차원	중장기적 차원
갈등을 보는 관점	문제를 완화해야 할 필요성을 보여주는 현상이다.	갈등을 주기적인 흐름으로 여긴다. 건설적인 변화를 위해 갈등은 고조되었다가 완화되길 반복하는 흐름이다.

6장 · 갈등 지도 그리기

이전 장에서 다루었던 갈등전환의 "거시적 그림"은 지도나 다이어그램으로 시각화할 수 있다.그림1 이는 세 가지 요소로 구성되며, 각 요소는 갈등에 대한 전략과 반응이 어떻게 발전하고 전개되는지 보여준다. 첫 번째 논점인 지금의 상황을 살펴보자.

논점 1. 오늘날의 상황

1번 도표는 '오늘날의 상황'을 여러 개의 타원형으로 표현하여 입체적 영역sphere이 어떠한지 보여준다. 명확히 선을 그어놓은 평면적인 '원circle'과는 달리, 대략적인 "활동 영역"으로 표현될 수 있는 '입체적 영역sphere'은 그 경계가 느슨하고, 상황을 탐구, 의미, 실천의 공간으로 나누어 이해할 수 있어 유익하다.

그림에서처럼 '이슈의 영역'은 '패턴의 영역'에 포함되어 있고, '패턴의 영역'은 '역사의 영역'에 포함되어 있다. 이는 갈등 때문에 드러난 특정 '이슈'가 그 문제를 만들어낸 상황에 뿌리내리고 있다는 것을 보여준다. 다시 말해, 눈앞에 불거진 문제는, 그 문제와 얽힌 사람들의 '관계 패턴'과 그들이 속한 공동체의 '구조 패턴'과 연결되어 있다는 것이며, 그 패턴은 오랜 기간 축적되어 온 역사의 산물이라는 것이다.

그림1. 갈등전환의 '거시적 그림'

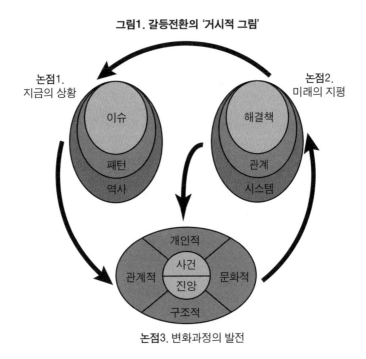

"그동안에 있었던 과거의 일들"이 현재의 갈등을 만들어낸다. 이것이 바로 현재 벌어진 갈등이 가진 역설이다. 현재 수면 위로 불거진 분쟁은 과거에 있었던 일들의 결과물이다. 눈앞에 드러난 이슈들이 잊혔던 기억을 되살리고 인식할 기회를 제공하는 것은 사실이다. 하지만, 문제 그 자체가 이미 벌어진 일에 대한 긍정적인 변화의 동력이 되지 못한다. 건설적인 변화의 가능성은 지금까지 일어났던 일들을 제대로 인식하고, 이해하고, 재인식할 수 있는 능력에 달려 있다. 긍정적인 변화를 위해서는 상호소통하고, 미래를 위한 관계와 틀을 세우고, 새로운 길을 창조하려는 의지가 필요하다.

우리가 앞서 규정했던 내용으로 돌아가 보자. 현재 벌어진 문제의 긴급성과 이와 관련된 사람들이 표출하는 에너지는 갈등에 대한 "일시적" 표현으로 규정할 수 있다. 현재 일어난 문제가 관계적·역사적 패턴의 영역을 통해 이동하고, 이런 이동이 우리를 갈등의 진앙으로 직접 이끈다. 비슷할 수도 있고 아닐 수도 있지만 늘 새로운 사건들을 재생산해내는 갈등의 진앙 말이다. 갈등전환은 '일시적인 사건'과 '갈등의 진앙', 양쪽 모두를 보고 이해하는 작업이다. 이 과정은 또 다른 논점인 세 번째 논점으로 연결되는데 그전에 미래적 지평이라는 영역을 먼저 살펴보자.

논점 2. 미래의 지평

두 번째 논점은 '미래의 지평'이다. 지평선이라는 이미지는 미래를 상상하는 데 적절한 도구다. 지평선은 보이지만 만질 수 없고, 미래를 향한 방향성을 제시할 수 있지만 지금 이 순간 끊임없이 앞으로 걸어가야 하는 여정을 요구하기 때문이다. 미래를 상상할 순 있지만 통제할 순 없다.

거시적 그림 속에서 미래는 일련의 영역으로 표현되고, 역동적으로 진화하는 열린 미래를 의미한다. 미래적 지평 속에는 즉각적인 '해결', '관계', '구조'라는 더 작은 영역이 포함되어 있다. 여기에는 당장 눈앞에 대두한 문제를 다룰 수단뿐 아니라 관계적이고 구조적인 차원까지 고려해야 한다는 의미가 담겨 있다. 미래의 지평선이란 논점은 몇 가지 질문을 제기한다. 어떤 희망을 만들어 가는가? 우리가 원하는 이상적인 그림은 어떤 것인가? 즉각적인 대응뿐 아니라 명확히 드러나지 않은 관계와 구조의 패턴에 이르는 모든 단계를 어떻게 다룰 것인가?

만약 오늘의 상황과 미래의 지평이라는 두 가지 영역이 거시적 그림의 유일한 구성요소라면, 이는 현재에서 미래로 이동하는 일차원적 변화 모델일 뿐이다. 그러나 전체적인 그림을 서로 연결된 순환구조로 시각화하는 것은 매우 중요하다. 여기에서 화살표는 묘사된 에너지의 흐름을 보여준다. '현재의 상황'이라는 영역은 갈등에 대해 무언가를 하도록 재촉한다. 앞으로 움직이는 화살표는 변화를 지향하는 일종의 사회적 에너지이다. 다른 한편, 미래의 지평선은 무언가 만들어낼 수 있는 일종의 자극으로 활용될 수 있다. 미래의 지평선은 방향을 만들어내고 그 방향을 알리는 사회적 에너지를 나타낸다. 여기서 화살표는 당면한 문제를 향해 뒤로 되돌아가기도 하고, 앞으로 일어날 여지가 있는 변화 과정의 영역으로 향하기도 한다. 결국, 화살표의 전체 조합은 하나의 큰 원을 만들어낸다. 달리 말하면, 우리가 말하는 거시적 그림은 원형이면서 또한 선형이기도 하고, 앞서 언급한 것처럼 '진행 구조'라는 형태로 표현할 수도 있다.

논점 3. 변화 과정의 발전

앞의 논의는 '변화'의 밑그림과 토대가 되는 세 번째 논점으로 연결된다. 그림처럼 변화 과정을 여러 요소가 포함된 입체적 영역으로 그려볼 수 있다. 이 영역은 네 가지 층위, 즉 개인적 · 관계적 · 문화적 · 구조적으로 나눌 수 있는데 각 층위 속에 있는 욕구, 관계, 패턴이 상호작용을 하며 그물망을 이룬다. 이 다층적 상호작용의 그물망을 주의 깊게 들여다보면서 갈등에 어떻게 반응할지 생각하게 되는 것이다.

여기서 '과정들processes'을 복수로 설명한 점에 주목할 필요가 있다. 변화의 과정들은, 서로 다르지만 양립할 수 있는 다층적이고 상호의존적인 문제 해결 방식을 동시에 가지라고 요구한다. 갈등전환은 우리가 단 하나의 적용 가능한 해결책을 찾아내 실행하기보다 다양한 변화의 과정을, 다층적으로 성찰하라고 요구한다. 변화 과정들은 발생한 사건의 내용 그 자체뿐 아니라 다양한 변화의 과정을 개념화하는 작업 모두를 다루는 것이다. 현재 제기된 문제에 대한 해결책을 모색하되, 동시에 장기적인 차원에서의 관계적·구조적 패턴의 변화를 위한 해결책을 찾는 것이다.

갈등전환은 세 가지 논점으로 나뉜다. 앞서 논의한 현재의 상황, 미래의 지평선, 변화 과정의 발전으로 세 번째 논점은 두 번째 논점과 연결되어 있다. 현 시점에서 훗날 우리가 바라는 미래를 향한 움직임은 직선적이지 않다. 구체적이고 즉각적인 필요도 충족시키면서 장기적인 변화를 위한 전략도 촉진하는 형태의 주도적인 문제해결 방식으로 나타날 것이다. 갈등전환적으로 접근할 때 다음과 같은 질문과 마주치게 된다. 어떤 종류의 변화가 필요하며 어떤 종류의 대안이 필요한가? 어느 수준의 변화와 대안이 필요한가? 이슈는 어떤 것들인가? 관계에 깊이 뿌리 내린 문제들은 무엇인가?

이러한 갈등전환은 '원하지 않는 것을 어떻게 **끝낼 것인지**', 그리고 '원하는 것을 어떻게 **만들어갈지**' 두 가지 질문을 동시에 던지며 도전한다. 이런 접근은 갈등해결적 실천과도 연결된다는 점을 기억하라. 갈등전환은 관계적·구조적으로 지속적인 변화를 구축하는 작업으로, 특정한 갈등이 '되풀이'되는 고리를 끊을 방안을 모색하는 것이다. 한편, 이 틀은 현재 직면한 문제와 갈등의 내용을 다루면서, 양쪽이 수용 가능한 중립적인 해결책을 모색하도록 돕는다. 이는 폭력과 갈등이 고조되는 것을 막기 위한 열린 과정이다. 또 다른 한편으론, 갈등전환은 협상을 통한 해결을 뛰어넘어, 새로운 무언가를 만들어가도록 돕는다. 또한, 관계의 양식과 역사적 상황에 대한 더 큰 이해에서 비롯된 변화과정의 협상이 있어야 한다.

갈등전환은 직접적인 해결책과 사회적 변화, 양쪽 모두를 다룬다. 이것은 실제적 현안에 적용 가능한 창조적 반응을 모색하면서, 이면의 더 깊은 차원까지 통찰할 수 있는 능력을 요구한다. 그러나 이러한 접근을 더 온전히 이해하기 위해서 우리는 건설적인 변화를 위한 '과정구조process-structure' 로서의 플랫폼이 어떻게 개념화되고 발전할 수 있는지 좀 더 온전히 이해할 필요가 있다.

7장 · 과정-구조: 변화를 위한 토대

지금까지 논의했던 개념적 지도, 혹은 도표를 유념하면서 갈등 전환의 작동원리를 살펴보려 한다. 즉각적인 필요에 창조적으로 반응하면서, 지속적으로 변화를 유도해낼 전략과 기반을 발전시키고 유지하는 것이 우리의 핵심 과제인데, 이는 이른바 '과정-구조'라는 토대를 상상할 때 가능하다.

신학문the New Sciences에서, '과정-구조들'은 역동적이고, 적응성을 지닌, 변화하는 자연적 현상으로 묘사된다. 동시에 '과정 구조'는 기능적이고 인식 가능한 형태와 구조를 유지하는 것으로 묘사되기도 한다. 마가렛 휘틀리는 이를 "아직 경직되기 전의 상태를 유지하는 것들"이라고 설명했다. 역설적이게도 이들은 원형이면서 직선형이다. 두 특성이 있는 하나의 현상이다. "과정"과 "구조"라는 두 단어가 연결되어 하나의 단어로 만들어졌다. 이를 통해 우리는 '적응가능성'과 '목적'이라는 상호의존적인 두 특성이 단일한 개념으로 결합하였다는 데 주목해야 한다.

갈등전환은 갈등과 갈등에 대한 우리의 반응을 '적응력'과 '목적성'이라는 두 가지 특성으로 결합한 창조의 과정으로 바라도록 돕는다. 변화는 그 자체로 과정-구조의 일부가 되는 셈이다. 이쯤에서 원형과 선형의 차이점과 기여점을 더욱 자세히 살펴보려 한다.

순환형과 직선형

순환형은 둥글게 순환하는 것을 의미한다. 순환적 사고circular thinking라는 말처럼, 가끔 순환적이란 단어가 부정적인 의미로 쓰이기도 하지만 긍정적인 뜻도 있다. 첫째, 순환형의 개념은 각 요소가 관계망 속에 서로 연결되어 있음을 상기시킨다. 둘째, 어떤 것이 성장할 때는 주로 그 구조와 역동성으로부터 영양분을 공급받는다는 점을 보여준다. 셋째, 가장 중요한 점인데 변화의 과정이 한 방향혹은 일방적이으로 진행되는 것이 아니라는 것을 보여준다. 특히 우리가 갈등전환을 위한 토대를 만들어갈 때 이런 사실을 기억하는 것이 중요하다.

순환성은 '사회 변화가 어떻게 일어날 수 있을지' 우리가 주의 깊게 생각해보도록 제안한다. 자동차의 백미러를 통해 지나온 길을 돌아보는 것처럼 이른바 갈등전환의 백미러를 통해 상황의 변화를 관찰할 수 있다. A가 어떻게 B라는 곳에서 C라는 곳으로 이동하는지 그 패턴을 관찰하는 것이다. 그러나 우리가 변화의 한복판에 있거나 우리가 해야 할 무언가를 미리 내다보아야 할 때, 그 변화의 과정은 결코 분명하고 깔끔한 모양으로 보이지 않는다. 변화가 일정한 속도로 일어나는 것도 아니거니와 한 방향으로 진행되는 것 또한 아니라는 사실을 기억해야 한다.

변화의 순환고리

이제부터 시간 순서대로 배열된 순환고리라는 모델을 통해 논의를 이어가려 한다. 그림2를 보라 이 모델은 어떤 변화가 있었는지

그림2. 변환의 순환고리

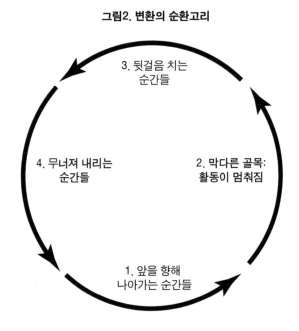

3. 뒷걸음 치는
순간들

4. 무너져 내리는
순간들

2. 막다른 골목:
활동이 멈춰짐

1. 앞을 향해
나아가는 순간들

갈등에 반응할 때 우리는 마치 원하는 변화가 일어나고 있다고 여기거나, 마치 어떤 진보가 이루어지는 것처럼 여길 때가 있다. 더 나은 관계를 위해 우리가 붙든 방향, 열망 혹은 목표를 향해 나아가는 순간들 말이다.

하지만, 어떤 때는 마치 막다른 골목에 다다랐다고 느끼기도 한다. 모든 것을 가로막고 멈추도록 앞에 우뚝 서 있는 벽을 마주친 심정일 것이다. 그러면 모든 것이 멈춰버린 것처럼 느껴질 뿐 아니라, 상황이 거꾸로 돌아가는 것처럼 느껴질 때도 있다. 해결했다고 생각했던 것들이 아무 일도 없었던 것처럼 원점으로 돌아갔다고 느껴지기도 한다. "한방에 수년간의 노력이 수포로 돌아갔다"라는 말을 듣곤 하는데 이는 "흐름을 거스르는" 경험을 하는 순간이다. 이런 은유들은 갈등의 상황에서는 앞으로 진보하는 순간조차 퇴보하는 것처럼 느껴지도록 하는 순간이 현실에 존재한다는 사실을 강조한다.

퇴보하는 정도가 아니라 모든 것이 완전히 무너져 내리는 듯한 경험을 할 때도 있다. 마치 빌딩이 산산이 조각나 무너지는 것처럼 관계가 붕괴하는 변화를 경험하기도 한다. 갈등과 평화구축이 반복되는 흐름 속에서 깊은 절망의 시기를 경험하며, "우리는 그라운드제로에서 출발해야 한다"는 문구를 떠올리기도 한다.

이러한 모든 경험이, 언제나 차례대로 일어나는 건 아니지만

'변화의 순환고리'에서 보편적으로 나타나는 현상이다. 변화를 순환형으로 이해하는 것은 우리가 갈등의 변화를 이해하고 미리 예측하도록 도와준다. 이 순환고리의 패턴을 결정하는 특정한 지점은 없다. 오히려 변화의 패턴과 방향을 전체의 일부분으로 인식하고 패턴이 서로 자연스럽게 중첩되는 형태로 이해하는 게 좋을 것이다.

이러한 순환고리는 우리에게 단계마다 주의할 점, 즉 갈등이 발생했을 때 앞으로 너무 빨리 전진하는 것이 지혜롭지 않을 수 있다는 사실을 알려준다. 장애물을 만나는 것이 어쩌면 현실을 진단하는 데 도움이 되기도 한다. 때론 되돌아가는 것이 오히려 더 혁신적인 발전의 기회가 될 수도 있으며, 모든 것이 무너져 내리는 듯한 경험이 새로운 것을 온전히 쌓아 올릴 기회가 된다는 점을 기억하게 한다.

순환적 사고는 '보고, 관찰하고, 적용하라!'는 요청을 단계마다 되새기게 하고, 인생이 그런 것처럼 변화를 고정되지 않은 유동적인 것으로 인식하게 한다. 이것이 바로 역동적인 진행 구조가 가지는 특징이다.

한편, 변화의 직선형적 특징은 한 곳에서 다른 곳으로 이동하는 것을 의미한다. 수학에서 선이란 두 점 사이를 잇는 가장 가까운 점들의 연속이다. 구불거리거나 에둘러가지 않고 곧게 뻗어 있는 상태를 말한다. 이런 직선형적 경향은 상황을 원인과 결과의 논리적 언어로 이해하려는 이성적 사고와 연관되어 있다. 그렇다면, 변화의 직선적 경향은 앞서 언급한 변화의 특성과 어떻게 연결될까? 변화의 직선적 속성을 이해하려면 우리는 전체의 방향과 목적을 포괄적으로 고려해야 한다. 이는 각기 다른 요소들이 일정한 흐름을 갖고 더 큰 전체를 형성해가는 패턴을 관찰할 수 있는 또 하나의 방법이다.

우리 눈에 띄진 않지만, 직선형적 관점으로 역사와 사회를 바라볼 때, 사회적 힘은 넓은 방향으로 흘러간다. 물론 드물지만, 사회적 힘이 단기간에 특정한 방향으로 움직이는 것이 명백하게 관찰되기도 한다. 직선적 관점은 우리에게 한발 물러서서 전반적인 사회적 갈등과 우리가 추구하는 역사와 미래를 포괄하는 변화를 자세히 살펴보게 한다. 특히 지금 바로 경험했던 일이 아니라 그일의 순환적인 패턴을 살펴보는 일이 중요하다는 것을 말해준다.

과정–구조로서의 변화

그림3은 '단순 과정–구조'를 보여준다. 이 그림은 역동적인 순환고리의 그물망이 전체적인 추진력과 방향을 만들어내며 서로 연결되어 있음을 보여준다. 어떤 이들은 이런 진행구조를 '로티니' 나선형 모양의 파스타라고 부른다. 다양한 방향의 내재적 패턴들로

구성되었지만, 전체적으로 통일된 움직임을 형성하고 있다.

그림3. 단순 과정-구조

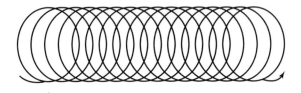

과학계에도 직선형적 사고에 반대하는 이들이 있다. 이들은 직선형성은 결과를 예측하고 조절하는 우리의 능력을 약화시키는 결정론적 양상을 띠는 변화 정도로 생각한다. 유용한 지적이긴 하나 통제력과 결정의지의 부족함이 목적과 방향성이라는 두 요소와 공존하는 것이 불가능하다고 여기진 않는다. 스페인 속담처럼 우리는 '우리의 북극'을 찾아야 한다. 실제 일어난 변화에 대해 어떻게 생각하는지, 또 그것이 어떤 방향으로 나아가는지 기준을 명확히 해야 한다는 말이다. 이것이 직선형 방식으로 갈등을 바라볼 때 얻을 수 있는 이점이다. 이는 '연결된 요소들을 어떻게 생각할 것인지', '움직임은 어떻게 형성됐는지', 그리고 '모든 방향의 요소들은 어떤 것들인지' 분명히 밝히도록 돕는다. 다시 말해, 직선형적 접근은 수사적 어구, 반사적 반응, 그리고 행동이라는 여러 겹의 층들 아래서 쉽게 발견되지 않는 변화이론을 표현하고 시험하도록 촉구한다. 직선형적 사고는 "이봐, 좋은 의도만으로 충분치 않아. 정확히 어떻게 이런 행동이 변화를 만들어낼 수 있지? 변화란 무엇이고, 어떤 방향으로 가야 하지?"라는 질문을 던진다. 갈등의 한복판에서 전환적 접근을 위한 토대를 만들어내는 열쇠는 원형성과 직선성이 건강하게 결합하는 것이다.

갈등전환적 토대

우리가 갈등전환을 시도하려면 갈등의 진앙에 지속적이고 적응 가능한 기반을 세워야 한다. 여기서 토대란 마치 트램폴린의 도약대와 같다. 뛰어오를 수 있는 기반을 제공하라는 것이다. 갈등전환적 토대에는 갈등의 다양한 단계들 "큰 그림"을 이해하는 것도 포함된다. 갈등에 직접 적용할 수 있는 프로세스, 미래를 향한 비전, 앞으로 진행될 변화 과정에 대한 계획 같은 것들이다. 단기적 필요에 대한 해답을 만들면서 동시에 관계와 시스템 속에서 전략적·장기적·건설적 변화를 추구하는 과정들을 만들어내는 것이다.

4번 그림은 갈등이 추가되며 형성되는 과정−구조와 그 모든 것에 토대가 존재한다는 것을 더욱 명확히 보여준다. 과정−구조의 나선형은 갈등의 진앙으로 보일 수 있고, 갈등의 골짜기나 봉우리들은 크고 작은 갈등의 연속으로 보일 수 있다. 갈등과 변화과

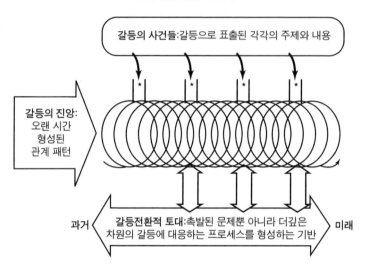

그림4. 갈등전환적 토태

갈등의 사건들:갈등으로 표출된 각각의 주제와 내용

갈등의 진앙:
오랜 시간
형성된
관계 패턴

과거

갈등전환적 토대:촉발된 문제뿐 아니라 더깊은
차원의 갈등에 대응하는 프로세스를 형성하는 기반

미래

정의 일반적인 상승과 하락은 갈등 해결을 위한 프로세스가 형성

될 수 있다는 지속적인 근거를 제공한다. 갈등의 단계적인 확대

는 이런 기반을 확립하고 유지할 기회가 되기도 한다. 갈등전환

에서 즉각적인 문제에 대한 해결책을 제시하기 위해 문제 해결을

위한 프로세스를 발전시키는 것이 중요하지만, 그것이 핵심은 아

니다. 더 중요한 것은 장기적이고 지속 가능한 다음의 과정들을

만들어내는 것이다. 1 현재와 미래에 반복될 갈등들에 적용 가능

한 대응책을 제공하고, 2 폭력적 · 파괴적 갈등의 표출을 양산하

는 관계 · 구조적 패턴에 대한 보다 장기적이고 웅숭깊은 처방을

내리는 것이다.

갈등전환적 토대는 분명히 단기적 반응과 장기적 전략을 동시에 만들어 낼 수 있어야 한다. 갈등 그 자체와 그 갈등을 일으킨 맥락 또는 갈등의 진앙 모두에 적용할 수 있는 변화를 만들어낼 수 있어야 한다는 것이다. 그래서 갈등전환적 토대를 이런 역동성과 복잡성을 지닌 하나의 '과정-구조'로 이해하면 된다. 단지 하나의 과정이나 하나의 구조가 아니라는 말이다. 갈등전환은 상황마다 적응 가능해야 하고, 갈등과 변화는 끊임없이 거듭한다는 것을 이해할 때 가능하다. 직접적이고 명확한 해결책일수록 수명이 짧을 수 있다는 사실도 함께 기억해야 한다.

갈등전환은 목적이 있는 순환의 여정이다. 이 여정은 엄청난 준비가 있어야 한다.

8장 · 수용능력 키우기

처음에는 갈등전환의 개념 위주로 논의하다 실질적인 적용을 시도하면서 갈등전환을 위한 개인 훈련 능력을 배양하는 것이 중요하다는 것을 절감했다. 다음은 갈등전환을 위한 능력을 배양하기 위한 실천들이다.

실천 1. 눈앞의 문제를 창문으로 보는 능력을 길러라

갈등전환을 시도하려면 눈앞에 닥친 상황에 압도당하거나, 휘둘리지 않고 문제를 침착하게 직시할 수 있는 능력을 키워야 한다. 또한, 서둘러 해결책을 만들려는 다급함에 빠지지 않고 갈등이 고조될 때 생기는 두려움에 사로잡히지 않을 수 있는 능력도 갖춰야 한다.

몇 가지 훈련을 통해 이를 실천할 수 있는 열쇠를 손에 쥘 수 있다. 첫째, 직면한 이슈 너머를 바라보고 통찰하는 능력을 갖추라. 둘째, 다른 이개인 혹은 그룹의 상황을 이해하고 공감하되 그들의 걱정이나 두려움에 말려들지 않도록 하라. 셋째, 빨리 해결책을 찾아야 한다는 다급함에 쫓기지 않으면서 당면한 문제에 진지하게 반응하라.

이러한 일이 어떻게 가능할까? 한 가지 방법이 바로 눈앞에 있는 이슈를 창문으로 여기는 능력을 배양하는 일이다. 창문은 바깥세상을 볼 수 있는 통로이기에 그 자체만으로도 중요하다. 그렇다고 우리가 창문을 통해 어딘가를 바라볼 때 정작 창문, 그 자체를 인식하는 경우는 드물다. 창문을 통해 무언가를 바라보지만, 우리의 시선은 창문 너머 어딘가에 머문다. 마찬가지로, 갈등 전환을 시도할 때 빨리 해결책을 찾으려고 이슈 자체에 너무 신경을 곤두세워선 안 된다. 오히려 드러난 이슈를 통해 사건 너머에 있는 실체로 우리의 시선을 가져가야 한다. 이런 작업은 갈등의 내용과 그 갈등을 포함하는 상황을 구분하도록 도와준다.

눈앞에 놓인 이슈들을 창문으로 여길 때 우리는 두 가지의 렌즈로 갈등에 접근할 수 있다. 하나는 갈등의 내용에 초점을 맞추도록 하고, 다른 하나는 갈등의 내용을 통해 문제를 가져온 배경과 연결된 관계패턴을 보도록 한다. 이런 접근을 통해 우리는 '위기라고 불리는 증상적 내용'과 '감정적 흐름의 토대'를 구분하도록 한다.

그뿐만 아니라, 이렇게 이슈 자체를 창문으로 여기는 능력은 당면한 문제 해결뿐 아니라, 그 문제를 발생시킨 근본적인 원인에 접근하도록 하는 "변화 지향적 프로세스"를 발전시키도록 도와준다.

실천 2. 다층적 프레임을 통합하는 능력을 길러라

눈앞에 닥친 문제를 창문으로 여기는 능력은 두 번째 훈련과도 직결된다. 바로 시간에 대한 단기적 관점에 속박당하지 않으면서 생각하고 행동하는 능력이다. 우리가 장기적으로 생각한다는 것은 단순히 정신적 위기 상황에서 근시안적인 행동으로 초래될 문제를 예방하고 이를 바로잡기 위한 것만은 아니다. 오히려 장기간의 변화 속에서 단기적 반응을 통합하는 전략을 창조해나가자는 것이다. 우리는 단기적 반응과 장기적 전략을 동시에 가져야 한다.

이런 접근이 가능해지려면 다양한 시간표가 필요하다. 과거에서부터 현재를 거쳐 미래까지 연결되는 복잡한 타임 라인에 당황하지 않는 것이 중요하다.

이런 능력을 개발할 수 있는 한 가지 비법은 바로 시간을 시각화하는 것이다. 각 단계에서 특정한 요소들을 상호 관련지음으로써 시간을 시각화할 수 있다. 특정 필요들을 선으로 이어 시각적으로 시간을 연결하는 것이다. 어떤 단체의 시스템을 전면적으로 개혁하는 것은 그 공동체의 문화를 다루는 일이기에 수년에 걸쳐

이뤄진다. '어떻게 하면 단체가 사명 선언을 다시금 마음에 되새기고 이를 실현해나갈 것인가' 라는 질문해 보는 것이 그 좋은 예가 될 수 있다. 이와 달리 똑같아 보일지라도 '시스템 개혁을 위해 매주 토요일마다 진행될 논의를 누가 맡을 것인가' 하는 물음은 특정한 문제에 대해 명확하고 실현 가능한 해결책을 요구하는 단기적 질문이다.

만약 사람들이 무엇을, 언제, 왜 어떤 일들이 일어나는지 볼 수 있다면, 또한 진행 과정을 통합적으로 이해하고 묘사할 능력이 있다면, 그래서 각 문제를 해결하기 위한 시간을 준다면, 사람들은 당면한 문제 해결과 장기적 차원의 전략적 변화를 더욱 수월하게 이해할 것이다.

갈등전환을 시도하는 사람은 다양한 종류의 변화가 필요한 상황에서 어떤 시간 프레임이 적용되어야 하는지 인식하는 능력을 길러야 한다.

실천 3. 갈등 에너지를 딜레마로 규정하는 능력을 길러라.

나는 두 가지 아이디어를 묶어서 표현할 때 "그리고 동시에"라는 표현을 쓰곤 한다. 나의 글쓰기 습관에 대해 변명을 하려는 게 아니다. 나의 사고방식과 관점이 빚어낸 표현이다. '둘 중 하나 / 또는either/or' 이라는 양자택일적 프레임에서, '둘 다/그리고both/

and' 라는 통합적 프레임으로 전환하기 위한 나의 노력이 이런 표현 속에 반영된 것이다. 이것이 내가 갈등을 딜레마로 규정하는 기술 그리고 훈련이라고 부르고 싶은 이유다.

이런 접근방식을 처음 발견한 것은 심각한 폭력이 벌어지는 갈등 속에서였다. 정말 까다로운 쟁점들이 즉각적인 응답과 선택을 요구해왔다. 문제와 관련된 사람들과 나와 같은 활동가들의 프레임으로 보면 명백히 모순이 되는 결정을 내려야 하는 상황이 있다. 예를 들어, 1990대 초반 소말리아에서 구호 활동하고 있을 때였다. 당시 우리는 매일같이 전쟁, 기아, 가뭄과 같은 비극적인 상황의 한복판에서 선택의 순간에 수없이 휘말리곤 했다. 확실한 선택의 여지가 없을 때, 어디에 에너지를 쏟고 대응해야 하는지 수많은 선택에 직면했다. 기아를 유발하고 구호를 필요하게 만드는 세력들에게까지 구호물품을 보내야 하는가, 전쟁을 계속 하려고 이득을 챙기려는 무장세력들까지 도와야 하는가? 아니면 엄청난 인도주의적 곤경에 빠져 무력감을 느끼더라도 의도치 않게 전쟁을 돕게 되는 상황을 피하고 평화를 이끌어내기 위해 식량을 보내지 말아야 하는가? 우리는 끊임없는 선택에 직면해야 했다. 이런 식으로 제기되는 잦은 질문들이 우리의 전략들을 제한했다.

우리가 "둘 다, 그리고both and"라는 통합적 패러다임으로 질문할 때 우리의 사고도 전환된다. 갈등 속에서 우리는 '다르지만 서로 양립 가능한' 목표와 에너지를 인식하는 법을 배웠다. 갈등 속에서 '둘 중 하나'라는 경쟁에 의한 선택을 하기보다 '둘 다'를 동시에 담아낼 수 있는 질문들로 재구성했다. '평화를 위한 능력을 어떻게 구축할 수 있을까'는 질문과 함께 '인도주의적 구호를 위해 즉각적으로 반응할 수 있는 메커니즘은 어떻게 만들어야 할까'는 질문을 동시에 던지는 것이다. 이런 질문을 뽑아내는 과정이야말로 갈등 상황의 기저에 깔린 에너지를 인식하는 능력을 만들고, 이들을 하나로 엮어주는 통합적 과정과 반응도 이끌어낸다.

딜레마와 모순을 동시에 껴안을 때, 도저히 다룰 수 없을 것 같은 갈등 즉 완전히 양립 불가능한 갈등에서도 해결의 실마리를 찾을 수 있다. 우리는 다르지만 다르기만 한 것이 아니라 상호의존적인 측면이 공존하는 복잡한 상황으로 문제를 인식하고 대응해야 하는 상황에 직면한다. 만약 우리의 선택이, '이것 아니면 저것either / or'이라는 양자택일적 사고와 양립할 수 없는 두 속성이 공존하는 모순 명사에 사로잡혀 있다면 우리는 복합적인 문제를 제대로 다룰 능력을 잃고 말 것이다. 딜레마에 빠진 복잡한 쟁점은 갈등을 만들어내는 핵심동력들을 우리가 찾아내고, 그것들을 **상호의존적인 목적들**로 함께 엮어내도록 요구한다.

단순한 처방이 딜레마와 역설의 세계로 이끈다. 적용은 실생활에서 엄청난 훈련과 창의력을 실시간으로 요구한다. 갈등전환적

처방을 요약하자면 이렇다. "어떻게 우리가 'A'를 적용하면서 동시에 'B'를 만들어갈 수 있을까?"

상황을 딜레마로 규정하는 능력, 명백한 모순과 공존하는 능력이 갈등전환의 핵심이다. 문제를 딜레마로 보고 동시에 모순을 통합해내는 능력은 더 큰 그림을 보고 구체적인 실천을 유도하는 방법을 창조해낸다.

딜레마는 이른바 복잡성을 함축한다. 복잡성의 가치를 인식하고 더불어 살아갈 것을 제안하는 관점이다. 갈등 에너지를 딜레마로 규정하는 관점은 모든 것을 이성적으로 해결해서 깔끔하고 논리적으로 일관된 결과물이 도출되도록 하는 강박에 저항하는 관점이기도 하다. 이는 우리가 미처 발견하지 못했지만, 배양할 필요가 있는 능력이 있음을 암시해주기도 한다.

실천 4. 복잡성을 적이 아닌 친구로 만드는 능력을 길러라

갈등 속에 있을 때, 특히 건설적이지 않은 방향으로 진행되어온 패턴과 사건의 역사가 오래된 갈등 속에 있을 때, 사람들은 그 상황에 압도되고 만다. 우리는 이런 상황을 다음과 같이 말하곤 한다. "상황이 완전히 꼬여버렸어. 설명해야 할 것조차 너무 많아." 여기에는 복잡성이란 갈등의 속성이 고개를 들어 올리고 있다. 갈등전환을 위한 시도는 어떻게 이런 복잡성을 적이 아닌 친구로 만들 것인가에 달려 있다.

**명백한 모순과 역설을
공존시키는 능력이
갈등전환의 핵심이다.**

갈등이 고조될 때, 우리는 다양하고 상반된 기준틀과 공존하기를 강요받는다고 느낀다. 복잡성은 그런 상황을 표현하는 것이다. 우리는 다중적 상황에서 발생하는 수많은 사건과 직면한다. 그 사건들 속에는 각기 다른 상황에 있는 사람들이 공존해 있다. 복잡성은 다양성과 동시성을 암시한다. 갈등 속에서 복잡성은 본질적으로 애매함과 불확실성을 만들어낸다. 명확하지 않은 모든 상황은 불안하게 느껴진다. 어디로 가는지 확신할 수 없고, 일어나는 일들은 통제할 수 없을 것처럼 혹은 일부만 통제할 수 있는 것처럼 느껴진다. 우리가 복잡성을 끝없는 두통을 유발하는 골칫거리로 여기는 것은 하등 이상한 일이 아니다. 때로 우리는 이슈들을 단순화하거나, 모순을 해결하면 문제가 해결된다고 여긴다.

이런 복잡성에 대해서 일정 정도의 자제력을 가지고 있지만, 누구나 어느 순간에 그 인내의 한계점에 도달하기 마련이다. 그 한계에 이르면, 피해버리거나 도망치는 모습으로 반응한다. 복잡한 상황을 없애려고 빨리 문제를 해결하려 들거나 손쉬운 해결책을 찾기도 한다. 그럼에도, 다양한 측면과 여러 의미를 무시하지 않으면서 갈등으로 말미암은 충돌을 감소시키려 애쓰는 이들도 있다. '어떻게 일이 돌아가고 있는지' 한 번의 설명으로 문제를 해결하려 들고, 이를 집요하고 끈질기게 붙들고 늘어진다. 이러한 복잡성은 늘 문제 해결의 '적enemy'과 같은 존재가 된다.

아브라함 링컨은 "적을 제대로 제거하는 단 하나의 방법은 그의 친구가 되는 것이다"라는 역설적인 말을 남겼다. 복잡성은 너무나 생각할 것이 많아 고려하기조차 어려운 상황 속에서도 건설적인 변화를 만들어갈 가능성을 제공하기도 한다. 복잡성의 가장 큰 이점 중 하나는 변화가 오로지 한 가지, 특정한 행동에 국한된 옵션이 아니라는 점을 보여주는 것이다. 사실 복잡성은 우리를 사탕 가게 안의 어린아이로 만든다. 수많은 사탕을 앞에 두고 무엇을 골라야 할지 들뜬 마음으로 주저하는 어린아이 말이다. 우리는 얼마 안 되는 몇 가지 가능성에 제한되지 않는다. 오히려 경험하지 못했기 때문에 가능한 모든 선택이 더 넓은 차원의 가능성을 제공하는 것이다.

네 번째 실천의 열쇠는 신뢰하고 실행하되, 융통성 없이 경직되지 않는 것이다. 우선, 변화와 앞으로 나갈 수 있는 선택을 이끌어낼 능력이 우리에게 있다는 사실을 신뢰해야 한다. 둘째, 우리는 건설적인 변화라는 '가장 중요한 약속'을 유지해야 한다. 셋째, 우리는 특정한 생각이나 수단에 묶여선 안 된다.

복잡성은 다양한 선택 가능성을 수면 위로 드러낸다. 우리가 다양한 경우의 수에 관심을 기울인다면 때론 해묵은 갈등의 패턴을 새로운 방식으로 바라볼 수 있을 것이다.

실천 5. 정체성의 목소리들을 듣고 직접 상대할 능력을 길러라

지금까지 갈등을 일으킨 배경과 원인, 즉 갈등 진앙의 관계 패턴을 보고 성찰해야 한다는 제안을 반복하였다. 하지만, 우리가 무엇을 보고 무엇을 들어야 하는가? 나는 갈등 중인 소란한 상황 속에 희미하게 남아 있거나 때론 사라져가는 정체성과 관련된 목소리를 찾아내, 그것을 적극적으로 붙들고 씨름하는 것이 가장 본질적이라는 사실을 한결같이 발견해왔다. 내 경험상, 정체성의 이슈들은 갈등의 뿌리에 자리 잡고 있다. 따라서 갈등 속에서 정체성의 역할을 이해하고 의식하는 능력은 갈등의 진앙을 이해하고 파악하는 데 필수적이다.

정체성의 이슈들은 근본적으로 개인의 자존감이나 집단의 생존을 지키려는 데서 비롯된다. 갈등 속에서 정체성 이슈는 특히 중요한데, 정체성이 바로 갈등이 표출되는 형태를 구체화하거나 그 방향을 만들어가기 때문이다. 정체성이 갈등의 결과물을 형성하거나 움직이는 경우가 대부분이다. 정체성과 관련된 문제는 인간의 가장 깊은 차원에 자리 잡고 있다. 각자가 가진 삶의 이야기 속에서 자신을 어떻게 보고 있는지, 나는 누구이며 어디서 왔는지, 무엇을 얻고 잃었는지, 무엇을 두려워하는지 등 이 모든 질문은 정체성에서 비롯된다. 따라서 정체성은 개인과 그룹의 자의식에 깊이 뿌리박고 있다. 개인 혹은 그룹이 어떻게 다른 이들과 관계를 맺어왔는지, 그리고 무엇이 개인 혹은 그룹의 자의식에 영향을 미쳤는지 말이다. 정체성 문제는 갈등에서는 가장 근본적이고 중요한 것이지만, 정작 갈등 상황에서 정체성 문제가 거론되는 경우는 드물다.

정체성은 정지되어 있거나 고정적이지 않다. 오히려 끊임없이 새롭게 정의될 가능성과 역동성을 가지고 있다. 갈등의 상황에서는 더더욱 그렇다. 정체성은 관계적 측면에서 보아야 제대로 이해가 가능하다. 만약 이 세상에 파란색 외에 다른 색깔이 없다면, 그 파란색은 무채색이나 다름없다. 파란색을 구별하려면 우리는 다양한 종류의 색깔이 필요하다. 그리고 그 다양한 관계 속에서 파란색은 자신을 규정하고 의미를 찾는 것이다.

정체성을 관계의 측면에서 이해한다는 것은 갈등전환을 위한 새로운 도전이 발생한다는 의미다. 타인에 대한 반응이 아니라 그들과의 관계 속에서 상호 긍정적인 자의식을 표현하도록 격려하는 공간과 과정을 어떻게 만들 수 있는가 하는 숙제가 생긴다. 갈등의 한복판에서, 사람들이 엄청난 두려움과 불확실함으로 가득 차곤 하는데 반발과 비난의 단계보다 더 낮은, 이때 자의식과 자신이 서 있는 위치를 명확히 표현할 수 있는 능력이 커진다.

그렇다면, 이런 실천을 가능하게 하는 훈련방식에는 어떤 것이 있을까?

첫째, 우리는 "정체성"을 보고 듣는 능력을 발전시킬 필요가 있다. 정체성이 보내는 고통의 신호, 언어, 은유, 표현들에 유의하자는 것이다. "5년 전에는 어떤 교수도 이런 식의 교육 과정을 생각하지 못했을 것이다. 도대체 우리가 어디로 가려는 거지?"라는 질문에 대해 애매한 상황에 놓일 수 있다. 이따금 "파이오니아 거리에 사는 사람들은 다시는 이 교회에서 아무런 목소리도 낼 수 없어." 파이오니아 거리는 교회가 위치한 곳이다. 그러나 교회의 1세대를 지칭하는 말이기도 하다라는 "내부자들"의 은유와 자조 섞인 언어가 만들어지기도 한다. 가끔은 "경찰청장의 행동이 우리 지역사회의 생존 자체를 위협하고 있군"하며 더 명백한 어조로 공동체 내에 언어를 유통하기도 한다. 이 모든 경우에 우리는 말로 표현한 내용 그 자체보다 그 말 속에 숨겨진 관심사에 주목해야 한다. 이는 이들이 경험하고 규정해온 자의식과 정체성의 관계를 드러내는 외침이기 때문이다. 내면의 근원에서부터 흘러나오는 그 목소리를 듣지 못하면 갈등의 진앙을 다룰 수 없다. 다시 말하지만 먼저 정체성의 목소리에 귀를 기울여야 한다.

둘째, 도망가지 말고 정체성의 목소리가 들리는 곳으로 나아가라. 그리고 갈등이 자신의 정체성과 인간관계에 대해 우리가 이해하라고 요구한다는 사실을 인정하라. 그렇다고 이것이 특정한 갈등 이슈에 적용하기 위한 해결책이 되지는 않는다. 양쪽의 과정이 모두 필요하다. 특정 문제에 대한 해결책을 만들어내는 것이 일시적인 불안을 경감시킬 수 있지만, 더 깊은 차원의 정체성이나 관계적 관심에 직접적으로 영향을 미치긴 매우 어려울 것이다.

이런 좀 더 깊은 차원의 이슈들을 다루려면 직접적인 협상을 통해 당장 해결책을 만들어 내는 것보다 의견을 교환하고 대화하는 공간을 만들려고 노력을 기울여야 한다. 또한, 이런 작업이 주로 직접적으로 상호 정체성을 교환하는 작업일 거라고 단정 짓지 않는 것이 중요하다. 대부분 그 과정의 가장 중요한 지점은 상황, 책임, 희망, 두려움의 본질을 성찰하는 자신의 내면혹은 그룹 내부의 공간을 일구는 데 있다.

충분한 지지와 사전 준비 작업 없이 상호 정체성Inter-identity을 지나치게 요구하면 오히려 역효과를 가져올 뿐만 아니라 심지어 파괴적인 결과를 가져올 수 있다. 나는 정체성 문제를 다룰 때 필요한 세 가지 지침 즉 정직, 상대를 통한 배움, 적합한 상호교환이라는 지침을 제시하고자 한다.

정직은 결코 강요할 수 없다. 억지로 강요한다고 누군가를 정직하게 만들 수 있는 것은 아니다. 하지만, 사람들이 정직하게 말하고 행동하도록 안전한 공간과 프로세스를 충분히 만들어갈 수는 있다. 자신과 다른 사람과의 관계에서 비롯된 두려움, 희망, 상처, 책임들에 대해서 솔직하게 나눌 수 있는 공간을 형성할 수 있다는 말이다. 갈등이 고조되는 사건들과 순환 과정은 정체성을 위협하는 불안한 환경을 조성하고 강화한다.

정체성을 위협당하면 자기를 방어하려는 경향이 생기기 마련이다. 자기방어적 경향이 정직함과 적대적인 관계는 아니지만, 그 때문에 '자아성찰적 정직함self-reflective honesty'은 약해지고 '타자비판적 정직함other-reflective honesty'은 강해진다. 상대방의 문제를 명확하고 정직하게 보지만 자신의 문제는 그렇게 보지 못하는 것이다. 깊은 차원의 정직함은 안전과 신뢰와 맞물려서 비롯된다. 이런 특성들이 나타날 수 있는 공간을 어떻게 만들 수 있을지 끊임없는 관심을 기울여야 한다.

"반복 학습"이라는 관용구는 주위를 맴도는 장면을 연상시키는데 이는 숙련됨이란 반복을 통해서 얻어진다는 것을 말해준다. 이는 충분한 상호작용이 필요하다는 말이며 정체성의 이슈에서 더더욱 그렇다.

"나는 누구인가" 그리고 **"우리는 누구인가"** 하는 질문은 삶과 공동체를 이해하기 위한 기초적인 질문이다. 그러나 자신과 집단 그리고 그 관계에 대해서 심도 있게 말하는 것이 전혀 쉽지 않을 뿐더러 자연스러워지는 것도 아니다. 정체성은 경직되거나 고정된 것도 아니다. 정체성을 이해하고 규정하려면 충분한 상호작용과 내적 소통이 필요하다. 정체성을 키우고, 조율해나가고, 정의하려면 다른 이들과의 끊임없는 상호작용이 뒷받침되어야 한다. 여기에 한 가지 즉 자신의 내적 성찰이 더 필요하다. 전체는 하나의 학습과정이며 학습 속도는 사람마다 천차만별이다. 이는 정체성과 관련된 일은 단번에 결정하거나 규정지을 수 없다는 사실이다. 이러한 사실을 인식하는 것은 매우 중요하다. 정체성을 만들어가는 것은 반복 학습의 과정이며 타인과의 관계에서 이루어진다.

결코 다른 이들의 통찰을 무시하거나 가벼이 여기지 마라. 대신 그것이 어디에 뿌리 내리고 있는지 그 근원을 이해하라.

그러므로 갈등전환을 지지하거나 실천하는 이들은 정체성 문제를 다루려면 '어떻게 다양한 토론의 장을 만들 것인가'하는 문제를 미리 생각할 필요가 있다. 우리는 정체성 문제를 한 번 처리하고 나면 그것으로 끝나는 일회성 이벤트처럼 여기곤 한다. 정체성 문제를 타인과 자신에 대해서 계속 배워가게 하는 토대가

된다. 동시에 정체성을 둘러싼 더 깊은 차원의 협의 과정을 상징
적으로 보여주는 특정 이슈들에 대해 결정을 내리는 과정이기도
하다. 갈등전환적 관점에서 보면, 북아일랜드의 벨페스트Belfast
혹은 폴타다운Portadown 퍼레이드 분쟁은 정체성 문제로 불거진 갈
등의 좋은 예다. 이 분쟁은 사건에 대한 구체적인 결정을 요구하
는 이슈인 동시에 특정 지역에서 어린 시절을 공유하며 정체성을
형성해온 사람들이 빚어낸 문제다. 우리는 갈등의 진앙을 정체성
연구를 위한 기회로 활용할 수 있다. 그러나 제한된 범위와 시간
내에 의사결정을 해야 할 때는 정체성 문제를 다루기 위한 적절한
절차로 적용되기 어려울 수 있다.

앞서 우리는 정체성 문제를 다루려면 상호작용 혹은 상호교류
를 위한 적절한 형식이 필요하다는 것을 인식하고 이를 모색했
다. 그래서 자칫 정체성을 다루는 것이 오로지 직접적인 대면을
통해서만 가능하다고 여기고, 기술지향적 접근으로 빠지기 쉽다.
하지만, 적절한 상호교류라는 말 속에는 정체성과 인간관계를 이
해하는 방법을 배우고 심화시키는 통로가 다양하다는 뜻이 담겨
있다. 우리는 대화가 상호 이해를 위한 유일한 길인 것처럼 오해
하게 하는 사건 처리 중심적 사고의 희생제물이 되지 않아야 한
다. 오히려 그 반대일 수 있다. 음악과, 예술, 의식, 스포츠를 통
한 대화, 즐거움과 웃음 등 적절하게 정체성을 상호 교환할 수 있

는 다양한 방식이 있다. 문화유산으로서 가치가 있는 도시 중심가나 공원을 보존하기 위한 운동을 함께 벌이는 것도 정체성 문제를 다룰 기회가 될 수 있다. 그리고 이 모든 형태의 시도들이 대화 그 자체가 주는 것보다 정체성을 학습하고 이해할 수 있는 더 큰 활로가 될 수도 있다. 이 다섯 번째 능력의 핵심은 기회를 인식하고 혁신과 창의성으로 갈등에 반응하는 과정을 디자인하는 능력이다.

마지막으로 구성원들의 관계를 관리하고 조직하는 시스템과 권력이 정체성과 어떻게 연결되어 있는지 구성원들의 인식을 주의 깊게 들여다볼 필요가 있다. 이는 정체성이 파괴되고, 소외되고, 심각한 위협 아래 놓였다고 느끼는 사람들에게 특히 필요한 접근이다. 이 변화 과정들은 구조적 관계가 상징하고 의미하는 통찰 속에서 적용해야 한다. 여기서 핵심은 결코 다른 이들의 통찰을 무시하거나 가볍게 여기지 않는 데 있다. 다른 이들의 통찰이 어디에 뿌리 내리고 있는지 이해하기 위해 노력해야 한다. 더 깊은 통찰을 방해하는 구조적 타협을 시도하거나 문제를 어설프게 해결하려 들지 마라. 구성원들이 구조를 분석하는 것을 명확히 하려면 구조적 변화를 보고 이야기하는 것이 필요하다. 정체성과 관련된 문제를 다룰 때 구성원들이 구조적 변화를 직시하고 이야기할 때 정직하게 반응하도록 격려하라.

대부분의 이런 시도들은 우리가 자연스럽게 구사할 수 있는 기술이 아니다. 헌신은 물론이거니와 훈련이 뒷받침될 때에 비로소 이런 실천들이 가능하다. 이런 실천이 익숙해지면 갈등을 전환적으로 생각하고 반응하는 능력이 향상될 것이다.

9장 · 갈등전환 틀 적용하기

나는 지금 콜로라도 시내의 어느 커피숍에 앉아 있다. 옆 테이블에 있는 사람들이 활발하게 때론 치열하게 토론을 이어가고 있다. 최근 논란이 되는 지역 경찰과 관련된 문제인 듯싶다. 지난 두 달간 지역 신문은 경찰에 대한 지역주민들의 항의 글들로 도배됐다. 경찰이 과속과 정지신호위반을 집중하여 단속하기로 하자 지역주민들이 반발하고 나선 것이다.

옆 테이블의 어떤 사람이 얼마 전 속도위반으로 걸렸던 일을 털어놓자 일행의 목소리는 한층 격앙됐다. 지난 20년 동안 이 지역을 매일같이 운전하고 다녔다는 그 여성은 최근 경찰이 벌이는 과잉단속을 지역 재정을 충당하기 위한 꼼수로 취급했다. 한때 가졌던 마을에 대한 친근함과 시민의식을 이런 일들 때문에 상실하고 말았다며 대화를 맺었다. 몇 주 전 시내 중심가에서 시위가 벌어지기도 했다. 시위가 끝나고 시민들은 공개토론을 벌이며 공감대를 형성하고 다음 단계를 모색했다.

경찰과 관련된 논란은 이번이 처음이 아니었다. 4년 전에는 구조신고에 경찰이 늑장 대응을 했다는 불만이 터져 나오기도 했다. 다른 지역 사람들이 불법으로 모닥불을 피우는 것을 제대로 조치하지 못했다는 것이다. 지난해, 신문 기고란에 경찰관 인사 문제와 최근 불거진 논란을 다룬 글이 게재되기도 했다. 그 글에서 경찰이 해야 할 일은 무엇이며 하지 말아야 할 일이 무엇인지, 광범위한 차원까지 논의를 발전시켰다. 경찰관을 친구로 둔 한 사람은 "어떤 이들은 경찰들의 대응이 너무 느리다고 말하고 어떤 이들은 경찰들이 과속에 신경을 너무 곤두세운다고 한다. 틀림없이 경찰들이 옳았을 거야"라며 경찰을 두둔하기도 했다. 하지만, 경찰에게 교통범칙금스티커를 받았던 이들에겐 그 의견이 달가울 리 만무하다.

그 커피숍에 있던 사람들의 대화 속에서, 항의 시위 구호들 속에서, 그리고 신문사로 날아든 항의 편지들 속에서 우리가 앞서 논의한 요소들을 볼 수 있다. 이 논란을 어떻게 갈등전환적 관점으로 바라볼 것인가? 갈등전환을 위한 토대는 무엇일까? 이 책에서 논의한 대로 상상해보자. 이런 상황에서 어떤 렌즈를 꺼내 들어야 할까?

1. 우리가 가진 갈등전환적 렌즈의 초점이 무엇인가?

우선 '사건Episode 렌즈'로 들여다보자.

– 최근 일어난 일련의 사건들은 이미 지난 몇 달간 논란이 있었고, 고조되어온 내용임을 알 수 있다. 경찰에 대한 지역사회의 관심과 갈등이 동시에 커졌다. 이런 논란이 해결되어야 할 과제이다.

– 내용은 특정한 행위와 행동에 관한 것이다. 과속운전 단속과 특정한 부류의 사람들을 불심검문하는 경찰의 단속 패턴에 관한 것으로 보인다.

– 관계와 관련된 불만도 있다. 단속을 위해 경찰이 차를 세웠을 때 특정 주민들을 어떻게 대했는가 하는 점들은 관계와 연관된 불만이다.

갈등의 '진앙Epicenter 렌즈'로 들여다보자.

– 지역사회와 경찰이 논란을 빚은 것은 이번이 처음이 아니다. 다양한 이슈들 속에 반복되는 갈등의 패턴이 있었다.

– 오랜 기간 쌓여온 주민과 경찰의 상호관계가 관계적 패턴을 보여주고 있다.

– 구조적 패턴은 지역사회 관점과 지역 공무원의 관점으로 양분된다. 치안 유지를 위한 경찰의 역할, 책임, 바람에 대한 지

역사회의 관점과 지역주민의 안전을 위한 책임에 대한 경찰과 지역 공무원의 관점으로 나눌 수 있다.

- 정체성의 패턴도 마찬가지다. 경찰, 지역주민, 공무원이 각각 '어떤 모습의 지역사회를 원하는가' 하는 질문과 '과거 우리의 이미지와 우리가 꿈꾸는 미래의 모습에 현재의 치안 유지 방식이 얼마나 맞느냐' 는 물음으로 정체성의 패턴이 표현된다.

- 지역사회 구성원들의 기대와 좌절, 두려움과 희망은 상호의존성과 관계 속에 함축된 권력 패턴들을 표현한다. 시민과 정치 구조가 어떻게 연결되어 있는지, 어떻게 의사를 결정하는지, 각자 자신의 삶에 영향을 미칠 사안에 대한 의사 결정 과정에 어떻게 참여하는가 하는 질문들로 표현된다.

2. 이 렌즈들은 어떤 질문을 던져주는가?

갈등을 일으킨 '사건, 그 자체'가 제시하는 질문들을 살펴보자.

- 속도위반 단속이라는 명목으로 하는 불심검문에 우리가 할 수 있는 것은 무엇일까?

- 단속할 때 경찰이 시민을 더 인격적으로 대하도록 개선할 수 있을까?

- 보행자가 많은 작은 도시에서 안전운전을 위해 시민이 지켜

야 할 책임에 동의할 수 있는가?

– 경찰이 지키고 적용하는 법률, 그리고 그 법률이 규정하는 안
전 법규를 우리도 이해할 수 있는가?

갈등의 '진앙'이 암시하는 것은 무엇인가?

– 공권력의 오용을 막고 시민의 안전을 도모하기 위해 마련된
권리와 책임 규정을 우리가 논의하고 발전시킬 수 있을까?

– 치안 유지를 위해 필요한 장기적 비전을 만들 수 있을까. 경
찰의 사명과 역할은 무엇이 되어야 하는가. 그것이 지역주민
들이 희망하고 요구하는 것에 어떻게 응답하는가?

– 우려가 고조되는 상황에서 시민의 목소리를 반영하고 경찰
과 시민 간의 건설적인 상호작용이 정기적으로 일어날 수 있
는 구조를 우리가 만들 수 있는가?

양자택일이 아닌 양쪽 모두를 조화시키기 위한 '딜레마' 라는 관점으로 문제를 볼 때 제기될 수 있는 질문들:

– 속도위반 이슈와 다른 안전 위반 문제들을 해결하는 동시에
지역 안전의 공통된 비전을 세워나갈 수 있을까?

– 안전과 보안에 대한 우리의 필요를 해결하는 동시에 주민과
경찰 그리고 지방 공무원들의 필요와 기대에 상응하도록 시

민과 경찰이 의무와 책임을 다할 수 있는 구조를 만들 수 있을까?

3. 갈등전환적 토대가 제시할 수 있는 것은 무엇인가?

a. 갈등 때문에 촉발된 사건이 시민의 마음을 동요하게 한 에너지원이었다. 이는 공동체 전체에 정말 유익한 것이 무엇인지 그 가능성을 모색해볼 수 있는 하나의 기회가 되었다. 우리는 오직 눈앞에 벌어진 이슈에만 골몰해서는 안 된다. 지난 5년, 10년 어쩌면 20년 동안의 패턴을 되돌아봐야 한다. 각 이슈가 수면 아래 숨겨진 지역사회의 관계적 상황을 들여다보게 한 창문이 되는 셈이다. 관계적 패턴을 성찰한 다음 문제해결 과정을 디자인하는 데 눈을 돌려야 한다.

b. 우리는 눈앞에 벌어진 이슈와 장기적 의제, 둘 모두에 대응할 수 있는 과정이 있어야 한다. 당면한 쟁점들은 이전부터 반복되어온 관계 패턴이 어떤 성격을 가지고 있는지 살펴볼 수 있는 유용한 창문이 된다. 현재 직면한 이슈들을 통해 미래를 위한 유용한 수단이 무엇인지 알 수 있기 때문이다. 각기 다르지만, 시간상으로 연결된 다양한 해결 과정에 대해서 생각해보자. 해결 과정의 예로 다음과 같은 것들이 포함될 수 있다.

i. 직접적인 필요와 해결책을 확인하고 불만을 공론화하는 지
역사회 공청회 개최

ii. 지역사회 치안유지에 관해 바라는 점들을 논의하는 지역사
회 공청회 개최

iii. 시민과 경찰 측 간에 정기적인 피드백과 의사소통 활성화

iv. 시민과 경찰, 지역 공무원들이 참여해 치안유지 위한 핵심
가치 수립 및 광범위한 전략적 계획 수립 활성화

v. 시민-경찰 합동 패널 구성조치 계획. 시민과 경찰이 서로
상의하며 각자의 염려와 희망사항, 두려움 등을 교환할 수
있는 구체적 방안 마련

설령 이런 항목을 동시에 고려했거나 실행했더라도 각각의
해결 과정에 주의를 기울이는 것은 매우 중요하다. 이런 해결
과정을 거치는 동안 그들이 실현할 수 있는 또 다른 지지 기반
과 시간적 틀이 있어야 한다. 어떤 내용은 일회성 이벤트가 될
수도 있고 지속적인 과정이 될 수도 있다. 혹은 지역사회의 새
로운 구조와 자원이 될 수도 있다. 여기서 우리가 잊지 말아야
할 것은 우리는 건설적인 변화를 촉진하기 위해 일하는 사람들
이라는 점이다.

c. 눈앞에 닥친 갈등에 대응하는 과정을 제안하는 데 있어서,

치안유지를 위해 새롭고 지속적인 대응 메커니즘을 만들어 갈 방법이 있는지 생각하라. 예를 들어, 위에서 언급됐던 고문단 혹은 조정 그룹이 초기의 직접적인 갈등해결을 돕는 존재로만 생각할 수 있다. 하지만, 그들이 장기적인 이슈에도 지속적으로 대응하도록 돕는 '촉매 메커니즘'의 역할을 할수도 있다. 근거는 이렇다. 우리는 과거의 패턴으로 미래의 새로운 사건들을 예상할 수 있기 때문이다. 그렇다면, 좀 더 건설적으로 준비하고 반응하도록 우리를 도울 수 있는 무언가를 만들 수 있을까? 이런 형태의 메커니즘은 새로운 사회적 공간과 구조가 될 수 있다. 그리고 이런 메커니즘은 같은 의견을 가지지 않은, 다양한 지역 사람들로 만들어질 필요가 있다. 또한, 비공식적인 형태로 시작해서, 유용하다 싶으면 좀 더 공식적 차원으로 만들어 가면 된다. 만약 이런 메커니즘이 제대로 작동한다면 문제를 예방하고 발생한 문제를 다루고 조정하는 지속적인 기반이 되는 것이다.

d. 밑그림에는 당면한 이슈들을 논의하고, 그 논의를 지속시켜 나갈 소통의 장도 포함해야 한다. 그러나 소통을 위한 메커니즘으로 오로지 "말하는 것"에만 의존해서는 안 된다. 우리는 지역사회의 문제 해결 과정과 사건들뿐 아니라 공동이 주도적으로 문제를 해결해나갈 방안에도 주의를 기울여야 한

다. 이런 공동참여의 공간은 수년 동안 형성될 경찰과 지역사회 간에 건설적인 상호작용이 자연스럽게 이뤄지는 교차점에 존재할 것이다.

그러면 실제 현실 상황에서는 무슨 일이 일어났는가? 이에 대한 이 이야기는 아직 끝나지 않았다. 아니, 절대로 끝나지 않을 것이다. 그러나 여전히 몇몇 대목에 흥미로운 진전이 보였다. 작게는 상호협력적인 지역사회 포럼과 논의들이 만들어졌다. 일부 적극적인 경찰관들과 문제의식을 느낀 시민이 건설적인 차원으로 서로 연결되었다. 치안유지를 위해 제안됐던 고문 패널도 생겼고 그 형태를 갖춰갔다. 이런 현상들은 사건의 원인이 되는 진앙을 들여다볼 수 있는 창문이 만들어졌다는 점을 시사한다. 당면한 문제 해결을 위해 해결책이 제시됐고, 이 해결책들은 수면 아래서 확장됐던 관계적 패턴과 정체성 패턴을 변화시켰다. 멀리 갈 것도 없이 5년 전에 무슨 일이 일어났는지 돌이켜보자. 어쩌면 당신은 당신이 속한 지역사회에서 이런 렌즈, 질문, 토대들을 실험적으로 적용해보고 싶을지 모르겠다.

10장 · 갈등전환, 변화의
씨줄과 날줄을 엮어내라

갈등이 지닌 건설적인 변화의 잠재력에 주목하는 실천가와 조정전문가에게 갈등전환이라는 렌즈는 다양한 질문을 던져준다. 갈등전환 렌즈는 많은 형태의 갈등에 적용될 수 있다. 변화의 가능성은 개인적인 단계에서부터 구조적 차원에 이르기까지 어느 갈등 속에나 내재돼 있다. 문제에 직면한 조정전문가들은 특정한 상황에서 갈등전환적 대응을 디자인할 가치가 있는지 없는지를 미리 평가해야만 한다.

이러한 갈등전환적 접근틀이 가져다주는 중요한 이점은 다양한 대응수단을 고려할 수 있는 능력에 달렸다. 나는 '갈등해결'이 그동안 공헌해왔던 점과 장점들을 '갈등전환'이 이끌어내고 보다 포괄적으로 통합한다는 사실을 줄곧 견지해왔다. 하지만, 갈등해결은 갈등이 가진 전환적건설적인 변화 가능성을 굳이 통합하지 않아도 된다. 달리 표현하자면, 궁극적으로 갈등전환적 접근과 결론이 문제를 더 빠르고 직접적으로 해결할 수 있다는 말이다.

그것이 전부다. 반면 이미 언급한 갈등해결적 접근은 관련된 질
문들과 요청을 자동으로 이끌어내지 못하며, 폭넓은 변화의 잠재
적 가능성을 제대로 불러일으키지 못한다.

분명한 것은 갈등전환이 다른 상황보다 어떤 특정한 상황에 더
적절하다는 점이다. 이 세상에는 문제 해결적 접근법 또는 협상
등과 같이 더 단순한 해결책을 요구하는 갈등과 분쟁들도 많이 있
다. 빠른 해결책이 요구되는 분쟁들은 분쟁 당사자들 사이에 이
전부터 현재 그리고 이후까지 관계가 거의 없거나 아예 없는 때도
있다. 이런 경우는 관계와 구조 패턴을 분석하는 것 자체가 무의
미하다. 예를 들어, 서로 알지 못하고 이후로도 접촉할 일이 없는
두 사람 간의 비용 지급 문제로 발생한 일회성 사업 분쟁은 굳이
갈등전환을 적용할 필요도 없고 갈등전환을 적용하기에도 적합
하지 않다. 만약 적용했다 해도 기껏해야 이 사건이 다른 사람들
에게도 반복적으로 일어나는지 문제와 관련된 사람들의 패턴을
분석하는 정도일 것이다.

한편, 상대적으로 갈등전환적 접근을 적용하면 좋을 상황도 있
다. 과거의 중요한 인간관계와 역사가 있는 곳이나, 미래에 상당
히 의미 있는 인간관계가 맺어질 경향이 있는 곳, 사건들이 조직
적·지역사회적 또는 더 넓은 차원의 사회적 상황에서 불거졌을
때는 갈등전환적 접근을 시도해볼 수 있다. 갈등해결적 접근법으

로도 충분히 문제 해결을 할 수 있을지 몰라도 더 큰 차원의 건설적인 변화는 만들어내지 못할 수 있다. 그러기에 파괴적이고 폭력적인 패턴을 생산해내는 반복적인 갈등의 순환구조가 깊이 뿌리내리는 상황에서 갈등전환적 접근방법은 특히 중요하다. 갈등전환이란 언제나 변화의 잠재적 가능성을 촉발할 수 있는 상황을 말하는 것이기 때문이다.

그러나 어떤 상황에서든지, 변화의 잠재 가능성을 보유한 모든 방식을 추구할 것인지 말 것인지에 대한 결정은 충분히 숙고하고 평가되어야 한다. 우리 가족은 설거지 문제로 다툴 때마다 매번 갈등전환을 적용하지 않는다. 하지만, 우리의 관계 유형, 관계 구조 및 가족으로써 개인으로써 우리가 가진 정체성에 대해 보다 깊이 숙고하게 하는 사건들은 늘 발생한다. 개수대에 쌓인 설거지는 항상 이러한 사건들을 촉발시킬만한 잠재적 상황이 된다. 물론 그렇다고 우리가 상황마다 갈등전환을 시도하지는 않는다. 하지만, 만약 갈등전환을 시도하고자 원하거나 그것이 필요할 때면, 무슨 일이 일어났는지 상황을 자세히 조사하고, 건설적인 변화를 유도할 수 있는 프레임을 가지고 사건에 접근한다. 이러한 틀이 바로 갈등전환이 제공해주는 변화이다.

아마도 갈등전환을 위한 가장 중요한 지점은 우리는 어디로 가고 있는지, 왜 우리는 이 일을 하는지, 우리가 이바지하고 세워나가길 희망하는 것이 무엇인지 라는 거시적인 질문들 앞에 우리 자신들을 위치시키는 일일 것이다. 나는 이러한 분야의 일을 선택하여 갈등과 씨름하는 다수 조정전문가가 이런 질문을 곱씹으며 일하고 있다고 확신한다. 이들이 하는 일이야말로 사회적 변화를 촉진하는 일이기 때문이다. 나는 건설적인 방안을 찾고 갈등에 적용하려고 노력하는 공동체에서 일하는 사람들이 공동체의 현상 유지가 아닌 더 나은 삶을 위한 변화를 추구하고 있다고 확신한다. 그들은 갈등에 반응하는 사회의 방식을 변화시키기 원한다. 이러한 전문가들과 공동체는 폭력과 파괴적인 유형을 떠나 창조적이며, 감동적이며, 건설적이며, 비폭력적으로 나아가는 변화를 요구한다.

이러한 갈등조정 실천가 중 한 사람으로서 어쩌면 나는 내가 보고 싶은 것만 보는 사람일지 모른다. 그러나 나는 우리의 지역적·세계적 인류공동체가 역사적 변화의 순간에 서 있음을 목격하고 있다. 창의적인 문제 해결을 시도하고 대화를 위한 개인과 사회적 역량을 키워가는, 그래서 억압과 폭력의 패턴이 인류의 안전과 사회적 변화를 보증하는 비폭력적 시스템으로 대체되는 변화의 가장자리에 있다고 생각한다. 이러한 변화는 삶과 관계를 갈등전환적으로 이해하는 아주 복잡한 씨줄과 날줄을 요구한다. 이것이 갈등전환을 추구하는 나의 도전이고 희망이다.

인생의 복잡함이 뿜어내는 따스함이 당신의 얼굴에 비치며,

아름다운 변화의 바람이 당신의 등 뒤를 부드럽게 감싸주며,

당신의 발이 진실의 길을 걸으며,

변화의 씨줄과 날줄이 당신 앞에 활짝 펼쳐지기를!